乡村治理
现代化与可持续发展路径

高佳红 著

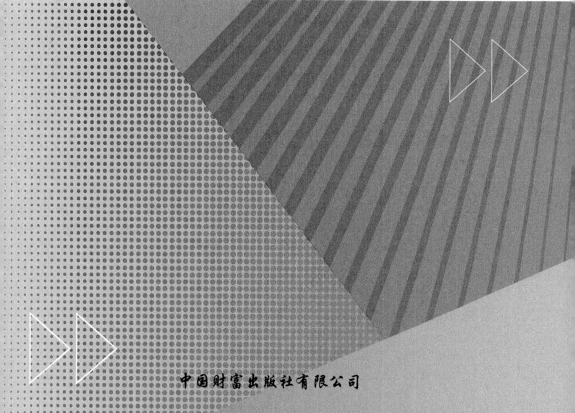

中国财富出版社有限公司

图书在版编目（CIP）数据

乡村治理现代化与可持续发展路径 / 高佳红著.—北京：中国财富出版社有限公司，2023.6

ISBN 978-7-5047-7945-8

Ⅰ.①乡…　Ⅱ.①高…　Ⅲ.①乡村—社会管理—研究—中国　Ⅳ.①D638

中国国家版本馆 CIP 数据核字（2023）第095505号

策划编辑 郑晓雯	**责任编辑** 敬 东 张思怡		**版权编辑** 李 洋
责任印制 尚立业	**责任校对** 卓闪闪		**责任发行** 董 倩

出版发行 中国财富出版社有限公司

社　　址 北京市丰台区南四环西路188号5区20楼　**邮政编码**　100070

电　　话 010-52227588 转 2098（发行部）　　010-52227588 转 321（总编室）
010-52227566（24小时读者服务）　　010-52227588 转 305（质检部）

网　　址 http://www.cfpress.com.cn　　**排　版** 宝蕾元

经　　销 新华书店　　**印　刷** 北京九州迅驰传媒文化有限公司

书　　号 ISBN 978-7-5047-7945-8 / D·0205

开　　本 710mm×1000mm　1 / 16　**版　次** 2024 年 8 月第 1 版

印　　张 9.75　　**印　次** 2024 年 8 月第 1 次印刷

字　　数 126千字　　**定　价** 48.00 元

前　言

在中国历史上，乡村一直都是社会存在的基础，自奴隶社会开始，乡村治理也一直是国家治理的重要内容，乡村的经济发展和商业活动也一直是中国商业社会发展的基础。因此，需要采取科学有效的现代化治理手段推动乡村经济的进步和发展。如何在乡村快速改革促进农业发展，从而实现农民富裕是实现乡村治理现代化的重要难题。

基于此，笔者撰写了《乡村治理现代化与可持续发展路径》一书。本书立足于现代化发展的背景，通过阐释乡村概念及乡村划分、乡村治理的现实基础、乡村治理的演变历程、乡村治理的内容及方向，详细解读乡村治理现代化的理论意蕴，基于公共服务建设、基础设施建设、乡风文明建设和村民自治效果提升等方面，研究乡村治理现代化的总体机制、动力机制和保障机制，探索乡村治理现代化的实践路径和可持续发展的多维路径。

笔者在撰写本书的过程中，得到了许多专家学者的帮助和指导，在此表示诚挚的谢意。由于笔者水平有限，加之时间仓促，书中内容难免有疏漏之处，希望各位读者多提宝贵意见，以便笔者进一步修改，使之更加完善。

目　录

第一章　乡村治理的一般认识

第一节　乡村概念及乡村划分

一、乡村的概念理解

乡村是居民以农业为经济活动的一类聚落的总称。从行政区划的角度看，乡村是指除直辖市、地级市、县级市、县政府驻地的城关镇以及其他建制镇以外的不属于城镇的区域；从居民所从事职业取向的角度来看，乡村是以农业、林业、牧业、渔业、基础工业等为主导产业形态的区域。

一般认为，乡村以农业生产为主要经济基础，社会结构相对城市来说较为简单，居民的生产、生活方式与城市相比也有较大差别。对于乡村概念的进一步理解，可从以下几个方面展开。

从人口方面看，乡村的人口数量较少，聚集程度较低，人口密度较小，人口构成较简单。

从产业构成看，大多数乡村主要以农业生产为主，但近年来以田园观光、休闲旅游等为代表的新兴产业类型的占比有所提高。

从景观构成看，乡村主要以农舍、仓库场院、道路、水渠、宅旁绿地、农田等景观为主。

从社会结构与生活方式看，乡村的社会结构相对简单，多数乡村居民的生活方式较为单一且相对固定，日常生活节奏相对较慢。

二、乡村的类型划分

（一）按照地形地貌划分

按照乡村所处的地形地貌进行分类，可将乡村划分为平原村、滨湖村、沿海村、草原村、山区村等不同类型。

一般来说，处于平原、滨湖、沿海等地形地貌区域的乡村聚落，往往土地肥沃、耕地较多，物资丰富，交通便利，人口较密集，经济发展较快；社会比较开放，社会流动较频繁，文化较为先进，但村民人文关系不如山区村突出，血缘关系有所淡化；村民思想较活跃，容易接受新事物，民主意识较浓厚，村民自治基础较扎实，容易开展自治活动。例如，我国长三角地区经济相对发达，该地区的乡村也较为富裕。

草原上多分布有牧区，早先的牧民多采用追水、逐草而居的游牧生活方式，常常是季节性聚落和游牧的帐幕聚落兼而有之，但随着现代畜牧业的发展，多数牧民开始种植牧草、围建草场定居，从而形成了独具特色的草原村落。

相比较而言，山区或半山区乡村则较为闭塞落后，人口聚居程度较低。有的山区或半山区乡村资源丰富，但由于种种因素，其乡村资源优势尚未转化为经济优势；有的山区或半山区乡村资源匮乏，加之地理区位与交通欠佳，经济结构相对单一，贫困人口较多。

从乡村所处的地形地貌等自然地理条件来看，不同的地理条件造就了不同的乡村景观风貌及不同的人文特色。比较典型的有：长三角地区的江南水乡、滨海地区的海岛渔村等。

（二）按照村落规模划分

参照《镇规划标准》（GB 50188—2007），村庄按人口规模可分为特大型、大型、中型、小型村。

1.特大型村

特大型村通常是乡政府或村民委员会所在地，拥有一定数量的代销店和文化教育、生活服务单位。这种村落大多分布于种植业区，尤其是耕地密集、地少人多的平原地区，华北地区较多。另外，在东北、长江中下游、东南沿海河口冲积平原等地区也较为常见。

2.大型村和中型村

大型村和中型村是我国最常见的村落，广泛分布于全国各地，常见于地少人稠的种植业区或圈养畜牧业区。一般由几个村落组成一个行政区，并建有幼儿园、小学等基础与公共服务设施。

3.小型村

小型村普遍分布于山区、丘陵区、牧区、林区，这类村落数量较多，但占乡村总人口的比重较低，住宅布局较分散，户均占地面积较大。受耕地分散或生活用水不足等因素制约，这类村落不宜发展为大型村，比较科学的做法通常是"拆村并点"。

参照《镇规划标准》，在我国，一般特大型村人口大于1000人，大型村人口为601～1000人，中型村人口为201～600人，小型村人口小于等于200人。

（三）按照行政概念划分

从行政概念上看，参照基层社会组织的层次分类，我国的乡村一般可分为自然村和行政村两类。

1. 自然村

自然村是由村民经过长时间聚居而自然形成的村落。这种村落受自然地理条件、传统生活方式等因素的影响较大。例如，在很多山地丘陵地区，先祖村民沿路居住，繁衍几代后就会形成一个小村落，这是自然村形成的基本模式。我国有些地方习惯上将自然村称为"庄"或"屯"。应当说，"庄"或"屯"是乡村聚落最基本的组成部分，一般只有较为简单的生活福利设施。

自然村的分布、形态、规模和建筑结构深受所处地区自然地理条件（水源、气候、地形及建筑材料特性等）、经济条件、风俗习惯等因素的影响，与周围环境相适应。我国的自然村数量较多、分布较广、规模大小不一，既有只有个别住户的孤村（如处于山区），也有拥有数百人口的自然村（如处于人口稠密的平原地区）。自然村经济结构较单一，一般由主要从事农业（包含种植业、林业、畜牧业、渔业、副业）的人口居住。20世纪80年代以来，我国因乡村产业结构的调整和商品经济的发展，不少自然村已不限于单纯经营农牧业，还建起了小型工业企业、零售商业和服务业设施，有的还发展为经营非农产业的专业村。

2. 行政村

行政村具有一定的行政管辖意义，一般是指政府为加强乡村管理而确定的乡、镇下一级的管理机构所管辖的区域。从这种意义上讲，行政村是具有社会统一性的组织化村落，是中央和地方政府进行行政管理的基本单位。

在个别地方，行政村与自然村是重叠的，或者是一个自然村划分为一个以上的行政村。但大多数情况下，一个行政村往往包括几个甚至十几个自然村。

行政村是我国行政区划体系中最基层的一级，设有管理服务机构村民委员会，由领导班子（支部、村委会）行使管理与服务职能。应当说，自然村与行政村的区别不只是规模不同，还在于是否具有行政管理职能与权限。

以上乡村类型的划分，多是基于地形地貌、乡村形成肌理、人口规模等驱动因素。值得注意的是，在理论与实践应用层面，往往需要在乡村类型的基础上进一步理解乡村布局与乡村发展的作用机制。在这种情况下，显然不能仅考虑地形地貌、人口规模等驱动因素，还需要考虑更多、更综合的影响因素，如乡村气候、土壤等自然因素，乡村产业构成、家庭收入等经济因素，以及乡村历史、民俗等社会文化因素。

第二节　乡村治理的现实基础

一、乡村治理的相关概念

（一）治理

"治理"（Governance）一词最早来自亚里士多德的《政治学》。治理理论兴起于近代西方，它强调政府部门与其他非政府组织的互动与合作，从而增加对公共产品的供给，促进公共事务管理的协同和高效。从概念上讲，目前大众较为认可的是全球治理委员会的界定：治理是个人和各种公共或私人的机构管理共同事务的诸多方式的总和。它是使不同的利益得以调和且采取联合行动的持续过程，其中既包括正式制度和规则，又包括一些非正式制度安排。其基本要义在于承认国家与市场、社会的相对分离，强调多元治理主体通过互动、协商建立合作伙伴关系，共同管理社会公共事务，以此实现社会"善治"的目标[1]。

治理与统治有很大的区别。二者在权威的来源、基础和性质方面，以及在权力运行的向度、范围和边界等方面均有很大的不同。之所以提出治理理念，主张用治理替代过去的统治和管理，原因在于西方学者在社会资源的配置过程中，既看到了市场的失灵，又关注到了政府的失效。

（二）国家治理

国家治理泛指一国范围内的所有治理，它既包括政治、经济、文化、社会、生态文明、国防军队和党的建设等各领域的治理，也包括政府治理、政党治理、生态治理、市场治理、企业治理、城市治理、乡村治理、社区治理、源头治理等各方面的治理。国外学者关于国家治理的研究，侧重于强调发挥市场和社会的作用，进而在一定程度上制衡政府的权力；而我国在治理的研究和推广方面更多地强调（治理）主体的多元化，主张要充分发挥国家、社会组织以及个人的共同作用。"国家治理现代化"的概念更是由我国首次提出。中华人民共和国成立之初，便提出工业现代化、农业现代化、国防现代化、科学技术现代化这"四个现代化"，到党的十八届三中全会聚焦国家治理体系和治理能力现代化，反映了我们党对于现代化建设规律认识的不断深化，是从器物层面的现代化到制度层面的现代化的进一步延伸，以至于有学者将国家治理体系和治理能力现代化作为我国的"第五个

① 刘刚. 乡村治理现代化：理论与实践 [M]. 北京：经济管理出版社，2020：18.

现代化"。科学合理的国家治理体制是国家治理体系的有机组成部分，是实现国家治理现代化的必备条件。

（三）社会治理

社会治理是指在一定的价值理念和规章制度下，政府、社会组织、企业和个人共同参与规范社会行为、协调社会关系、解决社会问题的活动的总和。社会治理是国家治理的有机组成部分，社会治理现代化是国家治理现代化的重要基础环节。良好的社会治理，既需要政府管理和引导，也需要社会组织和全体公民的协同和参与。改革开放以来，我国政府管理体制逐步从管制性向服务性转变，多元化治理发展趋势明显。党的十六届六中全会通过了《中共中央关于构建社会主义和谐社会若干重大问题的决定》，其中明确提出了加强和改进社会建设和社会管理的历史任务，首次提出了构建社会主义和谐社会的目标。

新时代，要加强社会治理工作必须创新社会治理体制机制，打造共建、共治、共享的社会治理格局，不断完善党委领导、政府负责、社会协同、公众参与、法治保障的社会治理体制，不断提高社会治理的社会化、法治化、智能化、专业化水平。

（四）乡村治理

乡村治理是乡村治理多元主体间通过一定的关系模式或行为模式，共同推动乡村政治、经济、文化和生态建设的一个动态的过程。

有关乡村治理的具体内涵，研究者主要从下述视角进行研究①。

一是功能主义视角。治理最初的含义是进行管理、操纵和领导。

---

① 赵先超，周跃云.乡村治理与乡村建设[M].北京：中国建材工业出版社，2020.

随着其内涵的不断丰富，后指在一定范围内通过对权利的使用确保社会的和谐与稳定，确保公众的利益能够得到较强的保障。

从本质上说，乡村治理其实是管理者对于权利的支配与应用，它实现了对于公共权利的协调和平衡，对整个社会起到了较好的调控作用。20世纪80年代后期，治理的概念才有了明确的界定，世界银行明确了其具体的内涵，强调"通过机构资源的统筹协调，充分发挥好政治权威，确保社会事务能够较好解决"。在这之后，治理的应用范围越来越广。世界治理组织在20世纪90年代发表了一篇十分重要的文章，对治理的内涵进行了充分阐释，将其概括为：治理就是将类型多样的相关事务进行系统的梳理和科学的总结，它是对各种方式的系统归纳，将不同的矛盾进行一定的调节，同时做出了相应的联合行动，这是一种持续的过程。通过分析可知，治理的内涵在原有含义的基础之上被不断丰富，具有明显的层级性、体系性。

二是在国家法治体系的基础之上，配合乡村自治机制而构成的崭新的研究视角。乡村治理是建立在原有的治理理念基础之上的，实现了对不同主体的协调，目的就在于真正彰显出不同主体所追求的利益与发展方向，进而促进社会健康发展。换言之，乡村治理实现了乡村研究与治理相关概念的交融。

三是目标管理的维度。就乡村治理概念的基本内涵而言，它涵盖的内容是多方面的，村民自治也在其中。我国村民自治相关法律明确规定：所谓村民自治，其实就是村里的事务由村民自己做决定，村民通过各种各样的民主形式，对村里的事务进行管理、对民众进行有效的监督；同时，要本着服务群众的基本理念，把本村的事务处理好。村民自治包含选举、决策、管理、监督等方面。从本质上讲，村民通过各种各样的自治制度，对乡村的各种事务进行科学、系统、层级化的管理，这是乡村治理过程中探索出来的一种崭新的模式。部分学者强调乡村政治。其实，要想促进乡村政治的有序推进，需要国家发挥一定的强制力，它的落实过程体现出明显的集权特征；而村民自治需要充分考虑民众的意愿、诉求，体现出较强的民主特征。实施乡村治理是为了更好地走向"善治"，也是在对社会进行管理的过程中，将群众的利益体现得更加充分，其本质是在政府的引导下，公民参与公共事务的管理过程，它构筑了政府、社会以及公民崭新的社会关系。通过分析可知，乡村治理蕴含着较为丰富的"善治"思维，它实现了对社会的高效管理，也凸显出宏观调控的功能。

我国是一个拥有悠久农业文明历史的国家，乡村治理作为国家治理体系和治理能力现代化的重要组成部分，其含义随着时代的发展而被赋予新的意义。但总结来看，乡村治理的实质包含以下几个相同点：第一，治理主体的多元化是保证乡村治理顺利进行的首要条件；第二，治理主体科学有效地选择和变换治理方式，对于解决乡村社会的各种纠纷、逐步构建完善的基层社会服务体系以及解放和发展乡村生产力都具有深远的影响；第三，乡村治理的最终落脚点是"以人为本"，即维护乡村居民的根本利益，提高其经济水平，增强其文化素养。从这个层面上看，乡村治理的实质就是治理主体在不同时期内对治理客体实行有效的治理方式，达到预期治理效果的行为。

二、乡村有效治理及其现实意义

（一）乡村有效治理的概念

乡村治理概念的诞生充分结合了我国当前的发展状况，它实现了基本理论与我国实际发展之间的彼此融合，为我国乡村社会的有效治理提供了有价值的参考。

现代政治的发展是为了更好地实现高效治理。在社会管理的过程中，有效治理保障公众拥有更大的权利，它真正凸显出治理工作的效率，也强调治理工作应该在相应的目标引导基础上实现，确保了最终结果的高效化。对于一个国家而言，现代化的实现需要以高效的治理能力为基本保障，这是治理现代化突出强调的重点。有效治理突出强调两个方面的内容。一是主体具有多元化特征，这和原有的依靠政府进行治理有明显的区别。现代化治理的主体不仅是政府，社会、市场、民众等都可以参与其中。二是强调过程的互动特征，与原有的下级服从上级的治理有明显的不同。

乡村振兴需要以高效的治理为基础和保障，高效的治理能够助力乡村振兴更好地实现。要想更好地实现高效治理，不仅需要强化党的领导，也应该发挥好政府的引导作用。在发挥好基层组织基本作用的基础上，真正实现各治理主体间的互动和交流，使治理的机制更加完善和成熟，治理的内容更加丰富，从而凝聚成更强劲的推动力量，保障乡村发展的稳定性和持续性。就治理主体而言，政府必须发挥好其管理作用，其他主体包括党组织、社会团体、村民等，也可以参与其中，这既增进了民生福祉，又保证了高效率社会服务的实现。就治理体系而言，乡村治理需要发挥好自治、法治和德治的作用。要引导自治组织充分发挥其作用，促使村民以更加积极的姿态参与乡村事务的管理，不断提升其管理水平；要引导村民充分利用法治手段促进社会的公平建设；要发挥道德引领作用，使乡村治理更高效。就治理机制而言，有效治理需要保障村民的利益，需要民主的决策作保障，同时要充分发挥好监督作用。就资源而言，需要对人力资源和资金进行整合，使乡土文化资源的内涵被充分挖掘出来，确保治理的效果。

（二）实现乡村有效治理的意义

1.有利于建构和谐美丽社会

党和国家希望建立一个和谐友善、互助互爱的社会。伴随着经济的快速发展，人民的生活方式有了较大改善，人民的获得感、幸福感越来越强。然而，乡村的经济形势日益多样化，意识形态领域也变得更加错综复杂，这些对乡村治理而言都是巨大的挑战。我国的发展需要较强的农业基础作为保障；美丽中国的实现需要有美丽乡村作为积淀。随着乡村振兴战略发展的日益成熟，乡村治理现代化、民主化、体系化、制度化的步伐日益加快。在生态优先发展理念的指引下，想要真正解决当前乡村所面临的生态恶化、秩序较差、治安缺失等问题，需要高质量的乡村治理作为基础和保障。

2.有利于加快城乡一体化的进程

想要进一步缩小城乡发展差距，真正解决乡村发展不足的问题，需要持续推进城乡一体化建设。过去，由于城乡二元对立的存在，无论是在经济建设、资源组成、配套服务方面，还是基础设施等方面，都出现了明显的不平衡、不公正的问题，这些对农民的建设热情造成了极大的影响。实现乡村振兴，需要乡村治理的新模式作为基础和保障，它不仅能够促进"三农"问题的有效解决，也有助于构建城乡融合发展的崭新模式，极大地加快农业现代化的发展步伐。

第三节　乡村治理的演变历程

中国，这个深受几千年农耕文化影响的农业大国，在漫长的历史长河中，其乡村治理的方式与形态不断演变，反映了社会、经济和政治的变迁。乡村治理不仅关乎农村社会的稳定与发展，更是国家政权与农村社会关系的缩影。在不同的历史时期，由于所处的具体环境和条件不同，乡村治理的理念、主体、内容、目的、手段都呈现出鲜明的时代特征。

一、传统封建社会："乡绅自治"的体制与实践

在漫长的封建社会中，"乡绅自治"成为乡村治理的主导模式。受限于治理能力和成本，封建统治者采取了"皇权不下县"的策略，县以下不设置正式的政权机构，而是依赖乡村中的贤达士绅进行治理。这些乡绅凭借其在威望、财富和能力方面的卓越表现，管理基层的税务、治安等。他们的权威在很大程度上源于君主的授予，形成了形式上的乡村自治，但实质上仍是统治者对乡村控制的一种手段。

这种"乡绅自治"体制，在一定程度上减少了中央政府的行政负担，同时利用了乡绅在地方的影响力和资源。然而，它也存在明显的局限性，如乡绅可能滥用权力，损害农民利益，以及乡村治理的效率和公正性难以保证等。

二、民国时期：探索乡村治理的新模式

随着晚清帝制的终结和民国时期的到来，乡村治理面临着新的挑战和机遇。受西方思潮的影响，这一时期开始学习并实践西方的民主政治制度。在乡村治理方面，主张推行中央与地方分权，地方治权归地方行使，中央只行使指导权、监督权。在这种理念下，乡村公共事

务的治理由本地农民自主决定和处理，选举产生的自治机关或团体负责制定自治规章、决议村务等。

然而，这一时期的乡村治理形态在自治与保甲制之间徘徊。保甲制作为一种传统的乡村治理方式，其强调的是对农民的严密控制和管理。而自治则更加注重农民的自主性和参与性。这两种治理方式的相互渗透和影响，使这一时期的乡村治理呈现复杂多变的特点。

三、中华人民共和国成立初期：政权下乡与乡村治理的新篇章

中华人民共和国成立后，乡村治理迎来了历史性的转折。在农村经济改革方面，通过组织农民开展农业合作化运动，逐步形成了人民公社的雏形。这一过程中，基层政权建设也取得了重要进展。乡和行政村成立了人民政府和人民代表大会，这些基层政权机构在乡村社会建设中扮演了重要角色。1954年《中华人民共和国宪法》的颁布更是明确了县以下行政区划为乡、镇、民族乡，撤销了行政村建制，由乡级政权对自然村实行统一管辖。这被称为"政权下乡"，标志着我国乡村治理进入了一个新的历史阶段。

政权下乡不仅加强了国家对乡村社会的控制和管理能力，还有效地推动了农村经济和社会的发展。通过基层政权机构的建立和完善，党和国家在乡村社会的权威得到确立和巩固。同时，这也为后来的乡村治理改革奠定了坚实的基础。

四、人民公社时期：“政社合一”体制下的乡村治理

1958年，《中共中央关于在农村建立人民公社问题的决议》的发布标志着人民公社制度的迅速建立和发展。人民公社不仅是农村的基层政权机构，还承担着管理公社内一切政治、经济和文化事务的职责。“政社合一”成为其最显著的特点。在这一体制下，广大农民被紧紧捆绑在一起，党和国家在乡村社会的绝对权威得到了进一步的确立和巩固。

然而，“政社合一”体制也带来了一系列问题。生产资料的过度集中、平均主义现象的严重以及农业生产力水平的低下都制约了农村经济的发展。农民的生产积极性逐渐丧失，乡村社会失去了生机与活力。随着时间的推移，这些问题日益凸显，最终导致人民公社体制的废止。

五、改革开放引领的“乡政村治”时代

自1978年党的十一届三中全会后，我国经济建设的重心地位得以确立，改革开放的大幕正式拉开。安徽小岗村勇敢尝试“包产到户”，犹如星火燎原，带动了农村地区家庭联产承包责任制的广泛实施。这场改革不仅深刻改变了农村经济基础，更促使上层建筑进行相应调整。人民公社体制在历史潮流中逐渐淡出，取而代之的是农村村民自治的崭新实践，“乡政村治”的治理格局由此应运而生。

随着“社改乡”的深入推进，人民公社被撤销，乡镇一级建立起基层政府。在乡村层面，村党支部继续发挥其核心领导作用，同时村民委员会的成立，标志着村民自治的法定实施。乡镇政府虽有权对村

委会工作提供指导与帮助，但不得干涉村民自治范围内的具体事务。这种治理模式不仅符合乡村经济发展的实际情况，更释放了乡村社会的经济活力，推动了基层民主的蓬勃发展。

"乡政村治"的确立，象征着乡村治理体制由传统管理型向现代公共治理型的重大转变，这是我国乡村社会治理的显著进步。它意味着国家将治理权力逐步下放给农民和乡村社会，农民在经济和政治上获得了更多的自主权。然而，这一模式也面临乡村社会内生动力不足、自治水平有待提高、村委会运作监督缺失以及村党支部与村委会关系不协调等挑战。

六、新时代的"三治融合"治理创新

新时代的乡村治理创新以浙江为发源地，"三治融合"的治理体系便是在这里率先探索并逐步推广至全国的。起初，这是桐乡的一种基层社会治理经验。2014年"三治融合"建设成为浙江省创新社会治理的六大规划之一。2017年，《中共中央　国务院关于加强和完善城乡社区治理的意见》实施，强调基层自治组织的基础性作用，并提倡法治、德治、自治的有机融合，桐乡的"三治融合"经验由此走向全国。乡村法治作为治理的基石，规范了乡村秩序，保护了村民权益，为乡村振兴提供了坚实的法律保障。德治则通过道德和文化的引导，为乡村发展破解道德困境，重塑文明乡风，营造和谐氛围。村民自治作为基层群众自治的广泛形式，构成了乡村治理的基础。"三治融合"推动了社会管理向社会治理的转型升级，在治理主体、手段、方式上均实现了创新性转变，标志着新时代乡村社会治理格局的重大创新。

第四节　乡村治理的内容及方向

一、乡村治理的主要内容

乡村治理主要包括乡村文化、乡村经济、乡村生态等互相联系的几个方面。

（一）激活乡村经济

乡村经济发展是乡村治理的经济基础，也是乡村治理的首要目标，国家的政策扶持和经济援助是乡村经济发展和乡村治理的重要前提。

当前，乡村经济建设面临着一系列现实瓶颈：在农业发展方面，乡村人口流失导致劳动力减少，同时传统农业模式的局限性也日益显现，这些都制约了农业的持续发展；在工业发展方面，在规模化效益追求驱动下，目前大部分的工业产业发展都倾向于向城市的工业园区集中，乡村的工业建设空间狭窄。进入社会主义建设新时代后，我国经济社会发展进入了一个新的关键时期，乡村经济发展滞后，在一定程度上已经制约了城市经济的发展，也影响了整个国民经济的健康发展。因此，要加快发展乡村经济，就要抓住问题的症结和重点，激发乡村经济发展的新活力。所以，乡村治理的工作内容之一就是打造充满活力的乡村经济。

（二）振兴乡村文化

文化是一方土地的根脉，梁漱溟提出以传统文化为基础，顺应中国农民的性情以组织整合乡村社会的思路。历来，共通的文化价值取向都具有团结人民、凝聚人心的功能，想要全面振兴乡村也必然离不开乡村文化的振兴之路。作为乡村生活的重要组成部分，乡村文化是乡村治理能否取得成效的重要保证。乡村文化可分为两大部分，即公共文化服务与乡土文化。公共文化服务是指以政府直接提供的公共文化服务来满足农民的文化需求。乡土文化指的是村庄作为共同体所孕育的内生型文化样态。乡土文化作为一种区域社会的传统文化积淀，具有较强的地域特色，当下遭遇了权威衰退、参与退出及支持弱化等困境。乡村文化外部和内部的双重逻辑皆根植于现代治理转型过程。为实现乡村公共文化服务与乡土文化的共生互融，应建构以乡、村两级为主体的公共文化服务与乡土文化耦合路径，以"社区营造"、乡村文化管理及乡村治理转型等多方面的协同推动乡村文化的全面振兴。

（三）乡村生态治理

良好的乡村生态环境是推进乡村治理体系和治理能力现代化的扎实基础。

在以经济建设为中心的社会主义初级阶段，我国经济快速发展，收获了举世瞩目的巨大成果，但同时整个生态环境为此付出了极大的代价，乡村的生态问题非常突出。

一方面，长久以来为支持工业体系发展，乡村一直扮演着资源输送者的角色，但大部分乡村资源是不可再生或再生周期极为漫长的；另一方面，乡村的整体观念和意识落后于城市，传统小农经济的束缚使农民缺乏长远意识和整体意识，在自然经济的直线思维及市场经济的趋利性共同作用下，造成对生态环境保护的忽视。近年来，乡村生态治理问题受到国家的高度重视。

美丽乡村、美丽中国方案的提出使农村生态环境得到较大改善，尤其是乡村振兴战略实施以来，我国农村生态治理更是进入了一个前所未有的加速期。尽管农村生态环境的治理在一定程度上正有序推进，但农村生态环境本身存在的复杂性与过去长期积累的生态环境问题依旧难以得到根本性解决，碎片化、粗放式和局部性治理现象依旧存在，治理难度较大，耗时相对较长。因此说，生态治理是乡村治理工作的重要内容之一。

二、乡村治理的方向和重点

第一，坚持农民在乡村治理中的主体地位。农民是乡村的主人，也应当是治理的主体，乡村治理的核心就是要加强农民的参与。最重要的是要尊重农民的主体地位，充分调动和发挥好广大农民的积极性、主动性，组织和引导农民广泛参与，让农民自己"说事、议事、主事"。

第二，坚持顺应和把握乡村发展规律。我国的乡村经过数千年历史沉淀，有深厚的历史底蕴和文化传统，要在这个基础上进行乡村治理，不能以城市思维开展乡村治理。乡村治理要补齐的是乡村的治理短板，并不是要消灭乡村的生活模式、传统习俗乃至生存方式。

第三，推进法治与德治的共生，实现治理模式的创新。推进乡村法治建设，深入开展"法律进乡村"宣传教育活动，大力推进乡村法治文化建设，提高乡村居民法治素养，引导广大乡村干部群众尊法、学法、守法、用法。提升乡村德治水平，深入挖掘乡村熟人社会蕴含的道德规范，通过完善村规民约、居民公约等，培育规则意识、契约精神、诚信观念，引导农民向上向善、孝老爱亲、重义守信、勤俭持家。

第四，吸引精英力量，建构多元治理主体新格局。要调整乡村人才引进政策，拓宽职业发展空间，完善乡村人才晋升考核机制，给予回乡就业特别是回乡创业的政策扶持。结合乡村振兴国家重大战略推进的历史机遇，适当放宽人才引进政策，支持大学生村官留村、留镇发展，并积极引进、打造一批"懂农业、爱农村、爱农民"的乡村治理人才队伍。

第五，坚持创新现代乡村治理手段。如今已经是信息化时代，乡村治理的手段、方式等都发生了很大的改变。为此，在乡村治理工作中，相关人员要懂得利用信息化手段去提升乡村治理的效率。

第二章 乡村治理现代化的理论意蕴

第一节 乡村治理现代化的背景及意义

一、乡村治理现代化的内涵阐释

乡村治理现代化是国家治理现代化在乡村社会的延伸和体现。传统乡村治理手段相对单一和陈旧，而乡村治理现代化意味着乡村党政机构、乡村经济主体及村民个体等多元主体，运用制度化、科学化的方式在程序框架内良性互动，共同对乡村经济、政治、文化、教育、社会生活等全方位的具体事务进行系统治理，以此实现乡村社会公共利益最大化。乡村治理现代化具有以下特征。一是治理主体由"一元"向"多元"转变。多元主体共建共治是乡村治理的发展趋势。二是治理目标由管制向服务转变。提供更多更符合村民需求的公共服务，是乡镇党委政府和村级治理主体的职责所在。三是乡村治理的过程由以权威和人治为主向以民主和协商为主转变。村民自治为乡村治理提供了机制和平台，有利于村民权利意识的觉醒和乡村民主政治的发展。

推进乡村治理现代化，既符合治理体系现代化和治理能力现代化的价值方向，也是国家治理现代化的趋势和要求。乡村治理现代化包括两个方面。一是完善乡村治理体系。主要是通过加强党对各乡村治理主体的全面领导，建立并完善乡村公共产品和服务提供机制、群众利益表达诉求回应机制、乡村政务公开和民主监督机制等一系列制度机制，推动自治、法治、德治"三治融合"，建立多元、民主、公开、公正的现代乡村治理体系。二是提升乡村治理能力。通过培养乡村干部领导事业发展和村务治理的能力，优化乡村社会"五位一体"[①]的治理结构，促进乡村社会的全面、协调发展。

二、乡村治理现代化的提出背景

乡村治理现代化，是在乡村社会发展进入转型期、农村全面深化改革进入深水区、乡村社会进入矛盾凸显期的背景下提出来的，具有一定的历史必然性和现实针对性。

（一）城乡融合发展迈向新阶段

在我国经济持续较快发展，特别是工业化、城镇化快速推进的背景下，我国已经迈向城乡融合发展的新阶段，进入工业反哺农业、城市反哺农村的新时期。与此同时，我国促进城乡融合发展的体制机制还不健全，存在一些明显的问题和"短板"。例如，城乡人口、资金、土地等要素流动仍存在不少障碍，城乡、工农之间的要素仍然存在不平等交换；城乡教育、文化、医疗等公共资源配置仍旧十分不平衡，农村基础设施薄弱、基本公共服务短缺等问题依然较为突出；现代农

---

① "五位一体"总体布局，指经济建设、政治建设、文化建设、社会建设和生态文明建设五位一体，全面推进。

业产业体系、市场体系仍然不健全，农民收入稳定增长机制还不完善等。因此可以说，城乡发展不平衡、农村发展不充分是我国发展不平衡、不充分的深刻体现。

解决我国社会发展不平衡、不充分的问题，很大程度上要依靠城乡融合发展，特别是乡村社会的全面振兴。这是关系到我国能否从根本上解决城乡差别、整体发展是否均衡和可持续的重大问题，也是畅通国民经济内循环的关键所在。当前，我国城乡产业发展水平差异很大，城市以制造业和服务业为主，乡村还是以传统农业为主，城乡"二元结构"特征仍然比较明显。未来，农村经济发展以现代农业为基础，以农村一二三产业融合发展、乡村文化旅游等新业态为补充。实现乡村经济多元化和农业全产业链发展，需要用城市的科技改造乡村的传统农业，利用城市的工业延长乡村的农业产业链条，利用互联网丰富农村的产业业态。推动乡村振兴，是着力解决发展不平衡、不充分问题的战略选择，有利于重塑城乡关系，促进城乡融合发展，着力补齐农业农村发展"短板"，加快实现农业农村现代化。

构建现代乡村治理体制，推动城乡融合发展体制建设，是实现农业农村现代化的重要制度保障。只有强化制度性供给，持续加大强农惠农政策支持力度，逐步健全城乡融合发展体制机制，坚决破除妨碍各类要素在城乡间自由流动和平等交换的壁垒，促进各类要素更多向农村流动，才能在乡村社会形成土地、人才、资金、信息、产业汇聚的良性循环，从而补齐农业农村发展的"短板"，为乡村全面振兴注入新动能。

（二）乡村社会发展进入加快转型期

当前，我国社会正经历着从传统社会向现代社会、从农业社会向工业社会、从封闭性社会向开放性社会的深刻转型。经过改革开放40多年的发展变迁，乡村经济发展条件发生了巨大变化，乡村地区社会关系发生巨大转变，乡村社会加快进入转型期。乡村经济社会的转型和变迁，一方面给乡村治理能力提升提供了新的机遇，另一方面对乡村治理体系和治理能力提出了深刻挑战。

第一，转型期乡村经济发展条件发生了巨大变化。随着市场经济的发展，农民收入渠道呈现多元化特征，来自农业尤其是种植业的收入在农村收入中的比重持续下降，已经不是大多数乡村地区和农民家庭的主要收入来源，以人才和资金为主的发展要素流动对乡村地区发展的影响日益凸显，经济发展对乡村资源环境的影响日益凸显。随着乡村产权制度的深化改革，乡村土地关系发生重大调整，家庭联产责任制日益巩固，土地流转日益普遍，农民土地权益保障日益完善，土地收益方式日益多样化。随着城乡居民社会保障体系的日益完善，乡村居民开始逐步享受到与城镇居民相同的医疗保障待遇，养老待遇也在逐步提升。城镇基础设施和公共服务逐步向乡村地区延伸，城乡居民用电价格执行统一标准，规划城乡道路一体化建设，垃圾处理和污水处理逐步延伸，公共自来水、天然气和暖气管网在部分乡村地区得以实现，义务教育全面普及，公共文化、卫生和体育服务逐步覆盖乡村地区。

第二，转型期乡村社会关系也发生了巨大转变。人际关系日益复杂化，以血缘和邻里关系为主要纽带展开，业缘关系作用日益突出，交往网络日益复杂、交往范围日益广泛、交往地域日益广阔，呈现出开放化、流动性趋势，但也存在物质化、表面化趋向。代际关系日益疏离化，乡村家庭组成越来越小型化、简单化，父母对成年子女经济、人际关系和道德观念的影响作用越来越小，代际关系约束力越来越弱。我国农村集体经济发展正经历深刻变革,由传统种植模式向多元化经营转变,非农产业兴起为集体经济注入新活力。土地仍是部分农村地区的重要收入来源,但随着经济发展,其占比逐渐下降。同时,新型农业合作组织蓬勃发展,推动农村经济持续增长。行政服务、公共服务在乡村行政中所占比重越来越大,村民政治意识、权利意识和民主意识日益增强。

第三,转型期乡村治理能力提升面临新机遇、新任务。转型期,乡村经济社会发生的深刻变化,使乡村治理能力提升面临新的发展机遇。从时代机遇上看,一方面,党和国家以及各级地方政府提供了更好的外部支持,完善提升乡村治理能力的制度体系,推动乡村优化产业、强化基础设施、完善公共服务、更好地保护生态环境;另一方面,随着乡村经济社会的进一步发展,乡村居民对美好生活的向往更加迫切,乡村居民的经济意识、民主意识、权利意识进一步增强,有助于激发、提升乡村居民的乡村治理能力和建设家乡的内在动力。

此外,各类发展要素回归、回流乡村的趋势日益显现,对于进一步改善乡村治理环境和发展条件,具有明显的推动作用。从时代要求看,与城镇地区相比,乡村地区仍然存在基础设施相对不完善、公共服务相对不全面、基层组织相对不牢固、基层民主相对不广泛的突出问题。人际关系、代际关系、干群关系、村际关系亟待通过更完善的制度和机制予以调和及调整,乡村地区政治、经济、社会、文化、生态建设亟待进一步统筹推进,这些都依赖于乡村治理体系的完善和治理能力的提升。

（三）农村全面深化改革进入深水区

随着全面深化改革的推进,农村改革逐步进入攻坚期和深水区,面临各方利益的重大调整。破解当前农村、农业和农民发展中亟待解决的深层次问题，对乡村治理能力提升提出了更高的要求。

1. 农村改革面临的新形势新变化新问题

经过改革开放40多年来的发展，农村体制改革和经济发展取得重大突破，确立了双层经营体制，建立了农产品要素市场体系，逐步构建并完善了强农惠农政策体系，正努力构建城乡融合发展的制度框架，农业综合生产能力显著提高，农村经济总体走向繁荣，农村公共事业加快发展，党的建设不断加强，村民自治机制逐步建立和完善。与此同时，随着"三农"领域一些新变化的出现，众多新问题也不断出现①。农业粗放经营、"污染下乡"及农村环保基础设施薄弱和管理缺位形成农村生态环境保护困境，集体经济乏力、农业专业合作组织缺位导致农业农村发展后劲不足，农业劳动力流失导致大量地区的农业成为留守产业，农村精神文明建设不足导致各种攀比、浪费等不文明甚至违法行为泛滥，基层组织建设软弱涣散导致一些地区黑恶势力横行、家族势力专断等，这些都对乡村治理的有效性提出了深刻挑战。

2. 农村改革呈现出敏感性、复杂性特征

随着改革发展进入深水区、攻坚期，农村改革敏感性、复杂性特征日趋明显。

一是经过几十年的改革，农村改革的空白点不多了，亟待破除的制度性障碍日益增多，涉及的利益关系更趋复杂。

二是农村改革的视野已不能局限于农村，而要着眼于国家治理现代化大局，推进城乡融合和"四化同步"，目标渐趋多元，视野更加

① 陈秋强. 乡贤：乡村治理现代化的重要力量 [J]. 社会治理，2016（2）：115-119.

宏观。

三是全面深化改革最后碰到的都是比较难啃的"硬骨头",不仅形成共识、做出决策需要较长时间,在改革策略的选择上更需要反复斟酌权衡,防止发生颠覆性的错误,这进一步增加了改革推进的难度。

四是各地发展条件差别很大,改革力度、发展速度和社会承受程度不同,工作思路、思想观念等人为条件差异明显,很多重大改革没有现成经验。

3.深化农村改革对提升乡村治理能力提出了新要求

解决农业农村发展面临的各种矛盾和问题,根本上靠深化改革。为此,一是要坚持处理好农民和土地关系的改革主线,坚持和完善农村基本经营制度,坚持农村土地集体所有基本制度,坚持家庭经营基础性地位,坚持稳定现有土地承包关系。二是要以保障和改善民生为优先方向,坚持问题导向,树立系统治理、依法治理、综合治理、源头治理、技术治理等新理念,加强和创新乡村社会治理。三是要深化农业供给侧结构性改革,加快构建现代农业产业体系、生产体系和市场体系,加快完善乡村地区各类基础设施,加快形成农村社会事业发展合力。

全面深化农村改革,实现这些新要求,迫切需要加快乡村治理体制机制创新,切实发挥基层党组织的战斗堡垒作用,充分激发农民的内生发展动力,尽快提升乡村地区依法治理、有效治理能力,统筹推进乡村经济、政治、文化、社会和生态建设,构建农业基础稳固、农村和谐稳定、农民安居乐业的"三农"发展格局。

(四)乡村社会进入矛盾凸显期

第一,社会转型期也是矛盾凸显期。转型既是结构转换、机制转轨，也必然涉及利益调整和观念转变。在现代社会转型时期，人们的行为方式、生活方式、价值观念都随着经济和社会结构的变迁而发生复杂深刻的变化。乡村地区是我国社会的基层单元，随着乡村经济社会结构变迁和农民个人权利意识的增强，乡村社会矛盾以纠纷形式多样化、诉求复杂化、利益纷争去道德化，以及维权手段多元化、复杂化、组织化为特征，复杂、多样且在一定地区和条件下集中发生，集体资产管理纠纷、征地拆迁纠纷、"外嫁女"分红权纠纷、选举权纠纷、福利分配纠纷、承包地和宅基地纠纷等大量涌现，合理诉求与不合理诉求交织的违规上访、反复缠访、违法闹访也多有发生。此外，互联网、移动通信工具的普及，微博、微信、短视频等新媒体工具的应用，也很容易放大乡村社会矛盾，给乡村社会秩序的稳定带来不利影响。

第二，化解乡村社会矛盾亟待提升乡村治理能力。乡村社会矛盾进入凸显期，根本原因在于乡村发展不足、社会结构发生较大变化、各种利益关系出现较大调整，亟待提升乡村治理能力，增强化解乡村社会矛盾能力。为此，需要加快体制机制创新，加强农村治理体系建设，积极培育经济、社会组织，广泛运用网络等新技术，进一步理顺"政府—市场—社会"关系，夯实基层组织战斗堡垒作用，拓展乡村居民参与乡村治理渠道，提升乡村治理现代化水平。这样既真正把农民实现自我发展和美好生活的愿望落在实处，充分激发乡村自我发展潜能和活力，从根源解决各类社会矛盾，又有利于健全权益保障和矛盾纠纷调处机制，完善自主化解和法治保障机制，防范和化解各类社会矛盾，降低社会管理和运行成本。

第三，推进乡村治理转型，要求乡村治理的理念必须适应经济社会发展的新常态和农民群众的新期待。一是要由过去的单一主体行政管理向多元主体协同治理转变，促使党的领导、政府管理、社会组织调节和村民自治相结合。二是要由依靠传统的人治方式和行政强制手段向坚持依法治理和授权治理转变，运用市场手段和法治方式调节经济运行、解决社会问题。三是要由强调社会管理向强调公共服务转变，转变公共服务提供方式。通过多元力量参与，推动形成党、政府、社会、人民对社会治理各司其职、各负其责，不缺位、不越位，合力共谋的格局，形成政府专门机关和社会群众治理力量相结合的乡村社会治理体系。

三、乡村治理现代化的意义

作为传统的农业大国，在今后相当长的历史时期内，我国仍将有相当比重的人口生活在乡村，乡村社会的繁荣稳定与否，事关现代化建设事业的全局。可以说，乡村治理现代化是国家治理现代化的基石，是深入实施乡村振兴战略、推进农业农村现代化的迫切需要，也是维护农村社会和谐稳定和夯实党在农村执政基础的必然要求，对于实现"两个一百年"奋斗目标，具有重大的现实意义和深远的历史意义。

（一）国家治理现代化的基层基础

国家治理体系和治理能力现代化，一方面体现为系统结构上的现代化，另一方面体现为设计、运行现代化系统结构的素质及方法的现代化，其未来目标是建成党全面领导下的强政府和强社会联结的强国家形态。在国家治理这个整体中，社会治理可作为国家治理的分支范畴来理解，乡村治理是社会治理的有机组成部分。有效的乡村治理是社会稳定的基石，对于实现国家治理现代化具有基础性意义。从治理现代化的视角看，乡村社会治理是具有双重性质和双重职能的特殊部分：其一，乡村社会治理是国家治理的基层延伸，是国家治理体系的基础部分，需要保持上下的连贯性和一致性；其二，乡村社会治理包含了乡村自治的制度内涵，是乡村自治能力的运用，更具体化地体现对乡村公共事务的综合性自我管理。随着国家治理现代化的全面推进，乡村治理现代化成为乡村振兴的核心战略要务。

近年来，农村基层社会变化很大，农村人口大量外出务工定居，农村经济形态日益多元化。但必须承认的是，乡村社会治理体系仍然是国家治理体系中较为薄弱的环节，农村基层组织和社会缺少内生活力，乡村产业和经济可持续发展能力相对较弱。我国乡村治理体系还不健全，治理能力和水平还不高，治理理念、方式和手段上还存在许多不相适应的地方，需要破解的难题较多。如何改革完善乡村组织结构，提升基层乡村治理制度体系的现代化水平，如何运用法治思维方式和现代技术手段，提高乡村社会治理能力，从而以乡村治理现代化为国家治理夯实基层基础，是亟待解决的重要问题。

没有乡村治理的现代化就没有国家治理体系和治理能力的现代化。乡村治理体系建设是国家治理体系和治理能力现代化的基础。过去，我们抓经济发展尤其是农业发展的经验较多，但对生态环境、文化传承、社会治理等关注不够多。实现乡村"五个振兴"宏伟蓝图，统筹推进农村经济建设、文化建设、社会建设、生态文明建设和党的建设，促进农业全面升级、农村全面进步、农民全面发展，必须以乡村治理能力的提升为基础。

（二）农业农村现代化的客观要求

"三农"问题，即农村、农业、农民问题，是关系国计民生的根本问题，第一产业的发展直接关系到国家的粮食安全；农村的经济发展、产业兴旺是走出"中等发达国家陷阱"、国家实现全面建成小康社会、奔赴现代化强国目标的主体支撑；农民的生活稳定、安居乐业是社会稳定的坚实基础、国家长治久安的可靠保障。没有农业农村的现代化，就没有整个国家的现代化。农业是国民经济的基础，农村经济是现代经济体系的重要组成部分。"三农"问题是全党工作的重中之重，加强农村基层基础工作，健全乡村治理体系，是解决好"三农"问题的必然要求。产业兴旺是乡村振兴的重点。只有实现乡村产业振兴，农业经济全面升级才有潜力空间，农村社会全面进步才有动力和活力，农民全面发展才有支撑保障。产业兴旺对乡村经济治理提出新要求。当前，我国面临农业大而不强、多而不优、竞争力弱等问题。实施乡村振兴战略，深化农业供给侧结构性改革，构建现代农业产业体系，实现农村一二三产业融合发展，有利于推动农业从增产导向转向提质导向，增强农业的创新力和竞争力，从而为建设现代化经济体系奠定基础。

乡村治理是农业农村现代化的关键所在。一家一户的生产已经不适合社会化大生产的现代化需要，如何把一家一户的农民组织起来实现社会化大生产，改革创新乡村治理制度是关键所在。完善乡村经济治理机制，可以为促进农业发展提供条件和保障。推动乡村产业振兴，发展现代农业，加快推动农业规模化生产、标准化管理、特色化种植、产业化经营，必须创新乡村产业治理机制，通过理顺农村治理主体关系、改革农村集体产权制度、完善农村集体经济组织治理结构，构建小农户与现代产业发展有机衔接的利益联结机制，从而推动农业生产方式、组织方式、管理方式转变，开辟乡村产业振兴、农业高质量发展新格局。

（三）乡村振兴战略的内在要求

1.乡村振兴战略是做好"三农"工作的总抓手

在党的十九大报告中，习近平总书记对实施乡村振兴战略做出重大决策部署，并提出"产业兴旺、生态宜居、乡风文明、治理有效、生活富裕"二十字方针。乡村振兴上升为国家战略，其战略推进的直接目标是深化农业供给侧结构性改革、加快推进农业农村现代化，构建现代化农业体系；整体目标是以农业发展为起点，带动乡村经济建设、政治建设、社会建设、文化建设、生态建设全面提升，带动一二三产业协调发展、城乡融合发展、区域平衡发展，从而提高乡村居民的生活水平，提升幸福感和获得感；宏观目标则是在乡村振兴基础上实现"两个一百年"奋斗目标、实现中华民族的伟大复兴。

治理有效是乡村振兴的重要基础，需要加大乡村治理力度。乡村治理关系到乡村振兴战略的实施，没有乡村的有效治理，就没有乡村的全面振兴。社会发展变迁和利益格局的调整，为实现乡村社会治理提供了新的可能或条件。改革开放后，城市化进程的加快吸引了大批农民工，其中包括大量的乡村精英。乡村精英、致富能手、政治精英的大量流出，导致乡村治理人才缺乏，总体上加剧了乡村社会治理能力的弱化，成为制约乡村社会经济发展的"瓶颈"。当前，城镇化以及城乡一体化进程发展迅速，传统的乡村治理模式正面临新形势、新问题和新挑战，改善和创新治理模式已经成为乡村社会治理的当务之急。如何在治理理念、治理方式、治理机制等方面深入转型，不断加强农村基层基础工作，着力构建现代乡村治理新格局，从而为新时代乡村全面振兴奠定坚实基础，是乡村振兴战略有效实施必须解决的重要问题。

2.组织振兴是乡村振兴的坚强保障

产业振兴、人才振兴、文化振兴、生态振兴和组织振兴五大方面，是乡村振兴不可分割的有机整体。其中，组织振兴是乡村振兴的重要目标与根本政治保障，目的在于通过优化乡村组织结构与组织体系，改革和整合现有的组织模式，扭转一元化单中心管理结构，从而有效破除地方势力的屏障，打通行政体制的层级壁垒，将党的核心领导力下沉到村治的"最后一公里"，形成上下联通的思想传导体系，从而提升党的基层治理效能，破除乡村目前的治理困局，更稳定快速地实现农业农村的现代化转型。

当前，随着乡村人口数量持续减少，许多农村出现村庄空心化、农民老龄化现象，农村"三留守"问题突出；一些地方农村基层党组织涣散，农村基层民主管理制度不健全；一些地方违法犯罪活动仍然不少，黑恶势力活动时有发生；一些地方不良风气盛行，天价彩礼让人"娶不起"，名目繁多的人情礼金让人"还不起"等，这些都阻碍了乡村振兴战略的深入实施，侵蚀了农民群众的获得感、幸福感、安全感。组织振兴，首先是农村基层党组织的全面振兴，其次是乡村各类组织的全面振兴，包括农村群众性自治组织、经济合作组织、社会组织等各类组织。实现乡村振兴，要有一个强有力的农村基层党组织作为核心，统领乡村各类组织全面发展，激活乡村各类组织的功能，把广大党员干部和群众的智慧和力量凝聚起来，从而为乡村全面振兴提供组织保障。

（四）维护农村社会和谐稳定的迫切需要

第一，治国安邦重在基层。基础不牢，地动山摇。农村社会和谐稳定是国家大局稳定的重要保障。社会治理的基础在基层，薄弱环节在乡村。加强农村基层基础工作，健全乡村治理体系，确保广大农民安居乐业、农村社会安定有序，有利于构建共建、共治、共享的社会治理格局，确保农村社会大局的和谐稳定。当前，随着农村社会的急剧转型，长期积累的深层次矛盾和问题不断显现，农民群众对土地征收、拆迁安置、扶贫低保、养老医疗等的关注度越来越高，不满意的地方较多。当前，世界格局不确定性、不稳定性因素日益增多。我国迫切需要稳住"三农"这块"压舱石"，巩固粮食安全"基本盘"，从而为做好全局工作持续拥有主动权。加快推进乡村治理体系和治理能力现代化，是维护农村社会稳定的重要保障，有利于农村社会的和谐有序。

第二，维护农村社会稳定，必须立足大局、着眼根本，持续整治侵害农民利益的行为，及时妥善处理农民群众合理诉求，持续减少不和谐、不稳定的因素。近年来，各地党委政府通过推进反腐倡廉和基层"拍蝇"、总结推广新时代"枫桥经验"、深入推进扫黑除恶专项斗争、推行领导干部定期下基层接访、开展"一村一法律顾问"等工作，持续严厉打击非法侵占农村集体资产、贪污挪用扶贫惠农资金和侵犯农民合法权利的违法犯罪行为，不断畅通农民利益诉求表达渠道，努力维护农民群众的合法权益。还有一些地方通过建立防范和整治"村霸"长效机制，深入推进平安乡村建设，推行网格化管理和服务，排查整治农村各类安全隐患，做到"小事不出村、大事不出乡、矛盾不上交"。但是，如果想全面防范和化解农村不稳定因素，妥善化解基层矛盾纠纷，持续提高农村居民的安全感、获得感和幸福感，就要从根本上加强党对乡村治理的全面领导，健全"三治融合"的乡村治理体系。

（五）夯实党在农村执政基础的时代要求

是否有稳固的执政基础、能否得到人民群众的拥护和支持，是执政党能否长期执政的决定性因素。农村基层党组织在党的组织体系建设和基层治理体系中的地位和作用可以说至关重要、无法替代，不但关系着党的执政根基，而且关系着党的阶级基础和群众基础的稳定。我们应当看到，新时代我们党在农村的执政基础是稳固的、扎实的。同时要认识到，在市场经济条件下，农业生产方式和组织形式发生了深刻变革，农民群众的行为规范和价值观念发生了巨大变化，党在农村的执政基础也面临着新的考验。尤其是不少农村党员年龄较大、带头人队伍难选、外出务工流动党员难管等问题的存在，导致基层党组织战斗堡垒作用和先锋模范作用发挥不充分。个别地方基层组织软弱涣散，集体经济较为薄弱，如何加强党对农村的全面领导，巩固党在农村执政的组织基础，增强亿万农民群众对党执政的认同感，是基层党建面临的一项重大挑战。

农村基层党组织是实施乡村振兴战略的"主心骨"。新时代，要加强党对农村工作的全面领导，巩固党在农村的执政基础，必须着力构建农村基层党建引领乡村治理的新体系，不断提升乡村治理能力的现代化水平。通过创新基层组织设置和活动方式、选好配强乡村党支部书记"领头羊"，培养造就一支过硬的"三农"工作队伍，不断增强党在农村的政治领导力、思想引领力、群众组织力和社会号召力，从而把党员组织起来，把人才凝聚起来，把群众动员起来，为实现乡村振兴的宏伟目标团结奋斗。

第二节　乡村治理现代化的目标分析

在当前和今后的一段时期内，乡村治理工作要按照中央确立的目标和要求，在乡村治理理念、治理方式、治理机制等方面深入转型，着力构建结构合理、过程民主、方式科学的乡村治理体系，提升乡村社会有效治理能力，从而为新时代乡村全面振兴奠定坚实治理基础。推进乡村治理现代化，可以将治理主体多元化、治理过程民主化、治理机制协同化、治理手段智能化、治理方式法治化和治理方法精细化作为长远目标和转型方向。通过创新乡村治理工作，努力构建多元主体共建、共治、共享的乡村治理新格局，不断健全自治、法治、德治相结合的乡村治理新体系。

一、乡村治理主体多元化

治理是政治主体运用公共权力对国家和社会的有效治理及推进过程。治理意味着社会所有成员都是治理主体、治理对象，都是国家和社会的主人，都有机会、有权利参与社会治理。社会治理要求治理主体的多元化，即要求政府、社会和市场等都能成为治理主体，这是国家治理现代化的必然要求。从治理发展的角度看，作为乡村振兴战略中总体要求之一的治理有效，源于管理民主。由社会管理到社会治理，表明社会管理理念发生重大变化，其主体开始多元化、丰富化。乡村治理的领域广阔而复杂，需要多主体的密切配合方可实现。我国乡村社会发生的显著变化，对乡村社会治理提出了新要求，迫切需要树立新的乡村治理理念，推动政府、市场、民间组织等多元主体共同参与乡村治理。在现实中，由于自然、历史、制度等多种因素的影响，农民群众参与社会治理、充当社会主人的意识还不强。乡村社会仍存在基层组织薄弱、村民自治水平不高、"四风"①等问题。

在当前乡村治理结构下，乡村治理主体包括基层党政组织、乡镇政府、村委会、社会力量和广大乡村群众等。

（一）基层党组织

基层党组织作为一种处于或接近于最低层级的组织结构，最大化地接近群众的生活、生产、思想和行为，是基层社会各种组织和各项工作的领导核心，因而其在基层执政过程中表达政党执政意志的同时，还代表着广大乡村群众的根本利益；除履行基层社会政治、经济、文化、社会多方面的基本执政职能，还肩负着把党的执政理论、执政方略、执政目标，依照区域性、群体性、层级性等特质，进行差异化、具体化的领悟与思考，对具体执政方式和执政手段进行与时俱进的摸索、丰富和发展的任务。同时，党的基层组织承担着基层执政绩效和执政效率的监督和反馈职责，是表达群众诉求、传递基层情感，建立群众政治认同和政党拥护的重要桥梁。在乡村治理的过程中，党组织在当地村委、当地村民之间构筑起了健康和谐的组织网络，把党的相关政策、党的主导思想、相关宣传等向社会各界进行一定的渗透，取得更好的乡村治理效果。

伴随着农村改革的迅速推进，社会形势较之前发生了明显的变化，目前，我国十分重视基层党组织建设，尤其突出了它在乡村治

---

① 即形式主义、官僚主义、享乐主义、奢靡之风。

理过程中所扮演的重要角色和所处的领导地位。事实上，早在20世纪80年代，我国就已经以法律的形式确定了基层党组织对当地工作的领导地位。2019年，中共中央对《中国共产党党和国家机关基层组织工作条例》进行了修订，更加突出强调了基层党组织的重要地位，进一步加快了农村改革发展与建设的步伐。在对国家相关战略进行落实的过程中，基层党组织扮演的角色尤为关键，它能够倾听到人民最真实的心声，也能对整体工作起到较好的领导、协调和组织作用。一直以来，我党都强调党管工作。乡村治理工作要想取得实效，需要多个主体协调配合，共同参与。然而，每个主体在参与的过程中又会站在自己的视角思考问题，会考虑自身的利益和诉求，仅仅依靠镇政府来统筹安排存在较大的困难。因此，基层党组织需要对农村发展和建设工作充满热情，协调好各主体，确保执政根基的稳定。在各主体产生利益冲突时，基层党组织需要调动各种资源，发挥完善平台建设的作用，将不同主体之间的矛盾处理好。

（二）乡镇政府

在国家行政体系中，乡镇政府虽处于末梢，但是其地位尤为关键，对乡村治理工作的贡献也很大，它在行使相关职能时代表的是国家这个大的组织单元。乡镇政府使国家权力更好地走向乡村，最终实现高效治理的目标。最近这几年，国家十分重视基层政权建设，不断提升基层政权的执政能力和水平，使基层政权更好地代表国家行使政治权力。政府职责在服务，而非掌舵。基层政府在国家权力和农村之间架起了有效交流和沟通的渠道，也使政府的职能得到全面发挥，各种类型的社会资源恰恰是通过基层政府到达农民的手中。乡镇政府扮演的角色尤为关键，在政治、经济、文化、卫生、教育等方面都发挥着不可或缺的引领作用。

从乡村治理的过程来看，乡镇政府在一定程度上将资源、权力和制度进行一定的下沉，并建立起它与乡村社会之间的紧密联系。从资源下沉角度来看，乡镇政府需要更多地提供设施和设备的供给，确保高质量供给的实现。就制度下沉的角度来看，在整个下沉的过程中，相关资源与乡村事业发展之间建立了紧密的联系。就权力下沉的角度来看，农村扶贫队伍在工作的过程中直接与贫困户对接，政府权力直接进行了下沉。乡村治理不只是个体的事情，需要多元主体积极参与其中，这就要求乡镇政府在一定程度上将权力下放，尽可能减少自身的过多参与。同时，乡镇政府需要在能力范围内提供必要的治理平台，减少各主体之间的矛盾。如果我们不重视乡镇政府在治理工作过程中所扮演的重要角色，乡村治理的秩序就会被严重破坏。

（三）村委会

《中华人民共和国村民委员会组织法》明确规定，村民对自我进行管理，实现高质量的自我教育，进而更好地服务民众是村委会的主要职责，村委会的工作涉及政治、经济、文化、管理等多个方面。经过不断地重构和建设，在乡村治理的各项工作之中，村委会扮演重要的角色，发挥的作用不容忽视。就本质而言，村委会是全体村民进行村级事务管理、确保自身利益能够被更好地维护的单元组织。一方面，村委会是协调村级各项事务，有效处理各种事情的主要组织；另一方面，村委会是传递政府信息，有效落实各项事务法规的主要推动力量。在乡镇政府落实相关政策时，村委会发挥的作用至关重要，负责各项工作的具体操作。例如，项目的具体推进、信息的检索等都需要村委会发挥引导力量，由其牵头开展。虽然当前一些村委会有这样或者那样的问题，如治理能力不高、贿赂等问题，但它依然是乡村治理中重要的一环。随着乡村治理进程的不断推进，村委会面临发展现状更复杂、矛盾更突出等问题，扮演的角色也更加多样化。但是，在大范围推广自治工作以后，村"两委"依然面临着各种各样的难题，使治理效果大打折扣。

（四）社会力量

乡村治理工作的开展需要多个主体的积极参与，包括镇政府、村委会、村民以及主管领导等，大家的参与满足了乡村发展的资金、政策、技术、资源等各方面的诉求，也使治理效果有了根本保障。其中，各社会组织和企业也在各自的职责范围内承担了责任，这些都是乡村治理的中坚力量，乡镇政府的一些职能被上述力量有效承担起来。

社会组织具有较强的自发性，村民在其中扮演着重要的角色，其目的在于使村民的利益得到更好的维护。社会组织具有明显的非营利特征，也不是由政府所组织的。其主要工作任务是提升公共服务的质量，做好社会保障等相关工作。社会组织使得传统模式下组织效果不好的现象得到了一定的改善，更多分散的村民能够集中在一起，参与文化、政治等建设。乡镇企业进一步推动了乡镇的高质量发展，也优化了乡村的就业结构。乡镇企业发展规模的不断扩大，使培训开展、技术提升等工作取得了新的突破，也有效解决了乡镇企业市场作用发挥不到位、服务不健全等多方面的问题，进一步实现了乡村治理工作的全方位提升。在乡村治理工作中，乡镇企业所扮演的角色十分关键，它加快了产业振兴发展的步伐。在长期发展之中，受"二元对立"发展的影响，广大乡村地区由于没有政策、资金、技术等方面的支撑，难以获得较快发展。但当前，各种社会组织和企业的参与使乡村治理能够占有的资源更加丰富，强化了乡村治理的力量支撑。

（五）广大乡村群众

广大乡村群众是进行社会建设的主要力量，是乡村建设的主力军，他们为社会财富的增加做出了卓越的贡献。在战争时期，广大农民群众经过不懈的奋斗掌握了国家的话语权。在新的发展阶段，农民群众积极参与乡村治理，成为治理的中坚力量。不管是哪一项政策，最终都要通过村民来落实，受益者都是广大人民群众。农村的事情村民最熟悉，他们对发展中的问题十分了解，也能够对治理工作进行有效的反馈。如果村民不能参与自治工作，现代化乡村治理就很难真正实现。按照对乡村治理贡献率的大小来区分，村民主要由精英和一般村民组成。前者指的是在社会某一领域表现卓越的人才，后者相对分散，很难在村集体拥有较大的话语权，产生的影响力也比较小。和一般村民相比，精英的知识水平一般较高，他们往往能受到村民的尊重，能为乡村发展做出贡献，在乡村治理中对产业的影响也比其他人更大。

总之，乡村治理的主体多元化，意味着村级党政组织、集体经济组织、民间社会组织或者村民个人等，都可以成为乡村治理的主体，并在各自领域发挥自己的作用。推动乡村治理主体多元化，要从政府包揽向政府指导、社会共治转变，鼓励和支持社会各行为主体积极参与乡村事务，实现政府治理与社会调节、居民自治的良性互动，构建多元主体共建、共治、共享的乡村治理新格局。

随着国家的迅速发展，各种社会力量不断参与乡村治理，各种团体、精英人才也都扮演着不可或缺的角色。乡村治理工作应该在党组织的引导下，充分发挥当地政府、社会团体、村民等的力量，实现共治的最终目标。

二、乡村治理过程民主化

随着马克思社会治理思想、多中心治理、新公共管理等相关理论不断运用于我国乡村治理实践，治理取代管理，成为乡村社会善治中的重要理念。但是，现行的乡村治理体制本身还存在党政不分、乡镇基层政权"悬浮化"和"谋利化"、村民自治组织过度行政化、"乡政"与"村治"之间的过度博弈和不协调、社会组织发育不健全等诸多问题，与治理理念和乡村治理现代化的必然要求之间还存在较大差距。原来的治理机构是计划经济统治的，是自上而下的统治。而现代治理机构是自下而上的，包含治理对象之间，也就是国家、政府与社会、民众之间的协商和妥协。推进乡村治理现代化，要求我们在基层社会治理中更多地体现政府与人民群众之间的互动，而不是采用以往的做法。这就要求我们用协商民主的方式进行基层社会治理。通过坚持和完善村民自治制度，广泛开展基层协商民主，充分发挥群众的主动性和积极性，从而使决策体现村民意志，保障村民权益，依靠群众预防和化解矛盾，激发村民创造活力，为村民参与治理搭建平台、拓展渠道、丰富形式。

三、乡村治理机制协同化

"治理"与"统治"有明显的不同。治理是运用权威维持秩序以满足公共利益的需要，治理的权威是公众自下而上的互动参与意识，而统治的权威是自上而下的行政命令，二者存在本质区别。乡村治理过程的协同化，强调各治理主体在公正、平等、法治的基础上相互协调和良性互动。乡村治理的效果公共化是指，在突破乡村固有利益格局的基础上，寻求村民公共利益的最大化。在现实中，由于"压力型"体制的存在，稳定改革发展的大量任务压在基层，推动党和国家各项政策落地的责任主体也在基层。现在一些地区在基层治理中存在"碎片化"现象，职能部门各干各的，各层级也是各干各的，虽然目标一致，都在维护基层社会稳定、推进经济发展，但需要改善这种"碎片化"治理的现象。

因此，推进乡村治理体系和治理能力现代化，要树立大抓基层基础的鲜明导向，推动社会治理重心下移。党委政府在基层社会治理上要继续发挥主导性作用，要与社会、群众之间形成良性的互动，不能包办代替。通过乡镇党委、政府、村支"两委"、社会经济组织和村民等多层级、多主体的联动，构建协同治理的社会网络，从而有效整合资源、化解矛盾，打造共建、共治、共享的社会治理格局。

四、乡村治理手段智能化

智能化是信息化社会演进的高级阶段。社会治理智能化是信息化时代的必然要求和有力抓手。习近平总书记指出，随着互联网特别是移动互联网发展，社会治理模式正在从单向管理转向双向互动，从线下转向线上线下融合，从单纯的政府监管向更加注重社会协同治理转变。目前以"互联网＋"和人工智能为代表的新技术日新月异、层出不穷，日益颠覆着人们的传统认知和习惯。这既为社会治理提供了更高级的工具，也带来了此前未曾遇过的问题。

推进乡村治理现代化，要积极尝试运用智能化手段推动基层社会治理创新，不断提升人民群众的获得感、幸福感、安全感。推进乡村治理手段智能化，一方面，可以加快推进乡村"雪亮工程"建设，实现城乡视频监控连接贯通，整合各类资源，构建立体化、信息化社会治安防控体系，织密织牢农村公共安全网。健全网络、论坛、微博、微信等反映渠道，完善举报奖励等机制，把群众发动起来，开创群防群治新局面。另一方面，可以结合"互联网＋电子政务"建设，构建全域统一、线上线下一体的智能化公共服务平台，把可拓展上线的窗口服务移到网上、连到掌上，让群众办事不跑腿、数据多跑路成为常态。值得关注的是，智能化手段应用于基层社会治理，更需强调顶层设计，不能每个职能部门或每个地区都建立自己的"一套模式"，互相不连通，这样不仅会提高整体社会治理成本，也会降低效率。要建立统一的网络系统，才能更好地发挥智能化技术手段，作用于社会治理。

五、乡村治理方式法治化

建立法治、摆脱人治，是现代民主政治的基本要求。法治的基本内涵是，法律应作为公共管理的最高准则，任何政府官员和公民都必须依法行事，在法律面前人人平等。在现代国家，法治是治国理政的基本方式。法治的目标是规范和约束公民的行为，维持正常的社会秩序，但其最终目的在于保护公民个人的自由、平等及其他的基本政治权利。治理取"水治"之意，有"润物无声"之内涵。

从"管理民主"到"治理有效"，反映了我们党在乡村治理理念上的深刻变化。治理更多地强调"法治"，管理更多地强调"人治"；治理强调发挥政府、社会、个人的配合和协调作用，管理主要强调政府的作用。推进新时代乡村治理创新，在治理方式上要从管控规制向法治保障转变，运用法治思维和法治方式化解社会矛盾，加快社会领域立法，廉洁公正执法司法，加强法治宣传；要建立调处化解矛盾纠纷综合机制，依靠法治预防化解矛盾，把法治作为化解矛盾的首选方式和终极方式，在法治轨道上解决群众诉求。依法规范信访秩序，把涉法涉诉信访纳入法治轨道解决，建立涉法涉诉信访依法终结制度。

六、乡村治理方法精细化

精细化管理最早使用在企业管理上，它是一种以最大限度地减少管理所占用的资源和降低成本为主要目标的管理方式，通过对目标分解、细化，以明确责任、落实目标。社会治理的精细化是社会管理理念和方式的重要创新，也是未来社会治理的走向和趋势。精细化管理是注重细节、精益求精和追求卓越的治理模式，集中包含了细节、精简、准确、精致和卓越等基本元素。社会治理精细化注入了治理现代化的内容，并以此构建共建、共治的社会治理格局，实现治理现代化的目标。精细化治理是相对于过去的粗放式管理而言的。粗放式管理以类或群为基本单位，主要是解决特定类群的人、事、物的问题，最后形成的是一种概括性、归纳性或笼统性的信息，并不去触及分散的和个别的社会事实。但同样一个群体，每个人的实际情况又是千差万别的。因而精细化治理是尽可能拆解社会事实，尽可能确立最小化的治理单元，实施多样化和差异性的治理，由此形成着眼于"个体化的治理"。比如近些年来大力推进的精准扶贫、精准脱贫工作，就是精细化治理在乡村贫困治理中的成功实践。必须搞清楚究竟谁是贫困人口、贫困程度以及贫困原因等，才能做到扶贫对象精准、措施到户精准、项目安排精准、资金使用精准、因村派人精准、脱贫成效精准，从而做到扶真贫、真扶贫、真脱贫，为打赢打好脱贫攻坚战奠定坚实基础。

推进乡村治理精细化，一是改变粗放式乡村治理模式，培育精细化治理的社会文化，把精细化贯穿乡村治理全过程，弘扬"工匠精神"，注重细节、精益求精，确保干一件、见效一件。二是构建标准化体系，加强社会治理成本效益分析，完善绩效考评机制，使社会治理过程可量化、可考核、可追溯。三是深入推进乡村治理体制机制的改革，推动乡村治理重心下移，实现权力和资源以及责任的下沉，提高基层党员干部的素质和能力，充分发挥其积极性和主动性，在处理日益复杂化的社会事实过程中，微妙地落实精细化治理的要求。

第三节　乡村治理现代化的基本原则

构建现代化乡村治理体系，要坚持以习近平新时代中国特色社会主义思想为指导，着力把握好推进乡村治理能力提升的基本原则，坚持人民的治理主体地位，构建自治、法治、德治相结合的乡村治理体系，实现三者的良性互动，最终达成乡村善治（见图2-1）。

图2-1　乡村治理现代化的基本原则

一、农民主体地位的原则

农民是乡村治理现代化的承载者，也是乡村治理现代化的受益者，还是乡村治理现代化效果的衡量者。如果农民没有积极性，乡村治理现代化就难以实现。乡村治理必须坚持为了人民、依靠人民，相信群众、充分发动群众。切实尊重农民意愿，充分发挥农民的主体作用，调动农民的积极性、主动性，把维护农民群众的根本利益、促进共同富裕、促进全面发展作为乡村治理的出发点和落脚点，不断提升农民群众的获得感和幸福感。要真正把人民满意不满意、拥护不拥护作为乡村治理成效的根本标准。"坚决反对和制止各类违背农民意愿，搞强迫命令、劳民伤财的政绩工程。深化村民自治实践，加强基层民主政治建设，加快形成民事民议、民事民办、民事民管的多层次基层协商格局。保障和支持农民通过自我管理、自我教育、自我服务的乡村自治机制在乡村社会当家做主，确保公共产品与公共服务的供给满足农民需要、交由农民决定，推动广大农民群众成为乡村治理的真正主体，激发农民的积极性、创造性，使其成为乡村振兴的内生动力。"①。

二、依法综合治理的原则

法治是治国理政的基本方式。作为协调和处理社会关系的一种手段，社会治理需要有法律根据、法律支撑、法律保障；社会治理的各个主体要有法治思维、法治意识，其行为要符合法治的规范与要求。

创新乡村治理体制，必须坚持依法治理，强化法治保障，努力运用法治思维和法治方式化解社会矛盾。推动治理方式由管控规制向依法治理转变。推进乡村治理现代化，还要综合运用除法律外的其他手段进行社会治理。要坚持综合治理和系统治理，推动乡村治理手段从以行政手段为主的单一手段向多种手段综合运用转变，把社会管理从政府单向管理向政府主导、社会多元主体共同治理转变。运用多种手段包括道德教育的手段、行为规范自律的手段、社会矛盾调节的手段等，坚持综合治理，强化道德约束，规范社会行为，调节利益关系，协调社会关系，解决社会问题。

三、因时因地制宜的原则

我国地域广阔，农村人口众多，农村发展水平、经济条件、农民文明程度差异较大，地区乡村经济发展水平不平衡，亟须找准问

---

① 刘刚．乡村治理现代化：理论与实践 [M]．北京：经济管理出版社，2020：30.

题、精准施策，有针对性地加以破解。深入推进乡村治理现代化，必须立足农村实际，推动各地立足自身资源禀赋、基础条件、人文特色等情况，探索符合当地特点、适宜"村情"的乡村治理模式，确定乡村治理的发展思路和推进策略。科学把握乡村的多样性、差异性、区域性特征，注重规划先行、精准施策、分类指导，不搞"一刀切"和统一模式。尽力而为，量力而行，合理设置阶段性目标和安排任务，做到久久为功，扎实推进。要妥善解决一些村庄空心化、产业空洞化问题，切实纠正一些地方违反客观规律，违背群众意愿，急于求成，盲目大拆大建，强迫农民集中上楼居住以制造乡村兴旺表象的错误做法。要树立"绿水青山就是金山银山"的发展理念，修复和改善乡村生态环境，加快推进农村环境整治，打造美丽宜居乡村。要大力传承和弘扬地方优秀传统文化，加强历史文化遗址保护，完善公共文化服务体系，加强对乡土特色文化技人、艺人、能人的培育和扶持，增强新乡贤引领示范带动作用，弘扬新时代文明乡风，着力提高乡村社会文明程度。

四、城乡统筹协调的原则

城乡融合发展是重大要求，也是发展方向。要适应城乡一体化和公共服务均等化的发展要求，促使基础设施和公共资源在城镇和乡村之间均衡配置。统筹谋划城乡社区治理工作，注重全域覆盖、以城带乡、优势互补和共同提高，促进城乡社区治理共同进步、协调发展。要坚持以"三起来"要求推动城乡融合发展。把强县和富民统一起来，把改革和发展结合起来，把城镇和乡村贯通起来，建立健全城乡融合发展体制机制和政策体系，推进城乡基础设施一体化建设、公共服务均等化布局，促进城乡发展要素合理流动。加快补齐农业农村"短板"，使乡村地区获得与城镇地区平等的产业发展、基础设施、公共服务和社会保障机会，夯实城乡共享发展成果的基础，切实解决城乡要素自由流动、平等交换的基础条件问题。要构建城乡融合发展大格局。把握好城镇和乡村两项重点工作的协调联动、统筹推进；科学推进全域一体的新型城镇化，全力打赢农村脱贫攻坚战；坚决破除制约城乡融合发展的体制机制弊端，推动城乡要素自由流动、平等交换；加快形成工农互促、城乡互补、全面融合、共同繁荣的新型工农城乡关系。

五、着眼全面振兴的原则

要认真研究自然条件、资源禀赋和乡土社会特点，科学研判提升乡村治理能力面临的总体形势和内部条件，准确把握自然生态和经济社会发展的一般规律和阶段性特点。严格按照产业兴旺、生态宜居、乡风文明、治理有效、生活富裕的乡村全面振兴总要求，准确把握乡村振兴的科学内涵，挖掘乡村多种功能和价值，释放农业农村发展潜力，统筹推进农村经济、政治、文化、社会、生态文明和党的建设，注重协同性、关联性，整体部署，协调推进。

科学把握乡村治理内部各领域及其与县域治理、乡村全面振兴之间的关系，把提升乡村治理能力作为乡村全面振兴的关键环节，通过加快体制机制创新、提升乡村治理能力、凝聚乡村建设力量、激发乡村发展活力，加快实现乡村全面振兴；坚持尊重自然、顺应自然、保护自然，坚持尊重群众意愿、保护群众利益、激发群众内生动力，循序渐进、逐步推动，坚决不搞不顾客观条件而瞎指挥、大折腾的盲目运动式建设。

第三章　乡村治理现代化的实践路径

第一节　加大公共服务建设

建立健全城乡基本公共服务均等化的体制机制，推动公共服务向农村延伸、社会事业向农村覆盖，是贯彻落实党的十九届五中全会精神和2021年中央一号文件精神的重要工作内容。农业农村部、国家发展改革委、国家乡村振兴局为加快推进县乡村公共服务一体化，组织开展"十四五"期间首次全国农村公共服务典型案例征集推介工作，在以往工作基础上强化典型示范带动作用，营造全社会关心支持农村公共服务建设的良好氛围，促进乡村全面振兴。

一、夯实基层公共卫生防护网

（一）构建健全应急防控与救治体系

1.完善传染病防控与救治网络

按计划建设符合传染病诊治布局和流程要求的应急医院。这类医院平时可用于常规医疗工作，在紧急情况下则能迅速转换为疫病救治中心。应急医院的建设以高起点规划为准则，通过多部门的协同合作，确保项目的顺利完成。同时，基层医疗机构的发热门诊和诊室也在进行规范化改造，以满足对传染病人的初步筛查和诊断需求。此外，社区疫情防控组织架构的建立，正推动社区服务与管理向一体化方向发展。而大型公共设施的预留，也为疫情高发期方舱医院或隔离观察点的建设提供了必要的场地。

为了进一步增强传染病防治能力，定向招聘感染科医生，并积极组建医联体集团。在医联体内，医务人员将遵循"县管乡用"的模式，新招聘的医生必须在乡镇卫生院服务一定年限，以此促进乡镇卫生院人才队伍的良性循环。同时，社区医生的管理也被纳入政府购买服务的范畴，通过"镇管村用"模式的公开招考，社区医生队伍的稳定性和专业素养得到了显著提升。灵活的激励机制也正在探索中，旨在激发医务人员的工作热情，提升他们的医疗技能。相关政策的出台，更是鼓励医务人员积极投身基层工作或参与基本公共卫生服务项目。在应对重大传染病时，民营医院医务人员组成的志愿者队伍将作为重要的后备力量，随时准备投入救治工作。为了确保如发热门诊和隔离场所等重点区域的诊疗需求得到满足，人力资源的合理调配要不断优化，以减少医务人员的暴露时间和工作疲劳。同时，心理辅导和咨询服务的提供，也充分体现了对医务人员身心健康的深切关怀。

2.应急响应与救治能力的提升

各级医疗机构的责任正在得到进一步明确，以确保感染控制要求能够贯穿临床诊疗和公共活动的各个环节。借助人工智能、大数据分析、远程医疗等先进技术，患者如今能够享受更为便捷的在线预约和远程医疗服务。对医务人员的健康监测工作也在不断加强，以提高他们的感染控制意识和能力。监管部门和纪检监察部门加大对感控事件的督查指导力度，以确保对问题的彻底调查和解决。在预防接种、核酸检测等大型活动的组织管理中，合理的现场布局和常态化的防控措施得到落实，从而有效防止医源性感染的发生。此外，传染病防控与救治的市县联动机制也得到强化。市级层面已经储备了PCR移动方舱实验室以应对突发疫情进行现场快速检测的需要，同时应急采样检测队伍的组建也为检测工作提供了有力支持。应急救治联动机制的建立则对县（市、区）的传染病救治能力进行了全面评估，并制定了病人分流救治应急预案。对各县（市、区）医疗机构的考查评估工作也已开展，以建立康复定点医院储备库来更好地管理治愈出院者的康复过程。

3.保障措施的加强与防控救治水平的提升

基层医疗卫生机构的投入力度持续加大，同时传染病防控工作的专项经费也得到了增设。政府统一采购充足的防护物资和检测试剂以满足医疗卫生机构的防控需求。卫生防疫工作的补助专项经费得到落实，确保乡镇卫生院和社区卫生服务中心医务人员经费的足额预算。科学制定的防控专项考核细则以及及时发放的防控津贴、应急加班补助等福利待遇激发医务人员的工作积极性并确保经费的按时足额发放。

（二）夯实高质量疾控体系的基石

1.实现镇村管理的一体化

以当前医疗改革为核心引领，对乡镇中心卫生院和卫生所的职能进行细致梳理，以优化镇村管理层级结构。这一过程中，应重新规划驻镇卫生所的人员编制，确保其能有效肩负起医疗机构管理、卫生监督以及职业病防控督查等重任。乡镇中心卫生院在镇村一体化管理中应发挥核心作用，积极引领村卫生室的发展。对于村卫生室，我们应实施"六统一"管理标准，并特别设立预防保健科室，以执行基本公共卫生服务任务，包括但不限于儿童计划免疫、儿童保健以及妇女保健门诊等工作。此外，应建立一套完善的机制，明确规定乡镇中心卫生院预防保健科的人员结构，并确保其工资待遇至少与医院其他医疗技术人员持平。为了进一步激发医务人员的积极性，对于承担家庭医生签约服务等额外工作的员工，应提供相应的奖励措施，并允许在绩效考核总量之外进行额外激励。

2."医疗"与"预防"的深度融合

遵循"合理布局、逐步推进"的策略，加速推进各地区疾控分中心的建设进程，并清晰界定各分中心的职责范围、明确管理模式，确保其能够实质性运作。在镇级层面，分中心应专注于辖区内传染病、寄生虫病、地方病及非传染性疾病的疫情监测与报告，进行流行病学个案调查，执行疫点消毒等具体疾控任务。而医院分中心则需负责收集、核实并报告门诊及住院患者中疑似或确诊的传染病信息，同时参与突发公共卫生事件的应急响应。倡导"医疗与卫生联合，预防为主"的理念，构建由县级龙头医院、社区卫生服务中心、乡镇中心卫生院和疾控中心等组成的紧密协作的网络，共同致力于实现"预防为主，降低发病率"的公共卫生目标。在此过程中，应明确公立医院的公益性质，将传染病学科的持续发展纳入公共卫生体系的考量范围。同时，改革财政支持机制，通过调整收费和财政补贴政策，引导医院资金更多地向感染科等公益性科室倾斜，从而加大对这些科室的投入，并完善相应的财政补贴制度。此外，还需推动公共卫生信息与医疗信息的系统互通，利用大数据监测分析技术，针对不同人群开展精准的健康教育和疾病干预措施，促进疾病预防、医疗救治及疫情防控的智能化和信息化水平提升。同时，应强化医院在疫情防控方面的能力建设，提高基层医疗机构特别是基层医生在传染病防治方面的意识和能力，充分发挥传染病监测网络的作用。

3.实施医疗卫生人才发展战略

为了进一步提升医疗卫生人才队伍的整体素质和能力，需要解放思想，采取务实且灵活的政策措施来吸引和留住人才。政府应肩负起领导和保障责任，牵头与各职能部门及基层医疗机构共同制定人才队伍建设的发展规划。在人才引进和培养方面应坚持双重并重原则，对基层医疗人才进行规范化和有针对性的培养以提升其综合素质和专业能力。同时，应继续探索和加强针对医学院校公共卫生专业毕业生的引进激励机制，以迅速缓解疾控中心和卫生所的人才短缺问题。此外，还需有计划地定向培养愿意投身基层医疗服务的医学人才。为了确保村卫生室的稳定运营和发展，应保障其建设维护费用、公用经费以及各类保险费用的投入，并确保乡村医生的待遇不低于乡镇中心卫生院医疗技术人员的平均水平。在绩效考核方面，也应适当向乡村医生倾斜，以鼓励更多的乡镇中心卫生院医务人员到村卫生室提供服务。

二、推进文化服务建设

在经济蓬勃发展的背景下，民众对于精神文化的需求日益凸显，这体现了社会文明进步的必然趋势。然而，目前文化服务的供给存在显著的不均衡问题，这种不均衡不仅体现在城乡之间，也反映在不同年龄段群体之间。大城市文化设施完善，博物馆、图书馆等资源丰富，而在广大乡村地区，文化设施的普及率则相对较低。这背后固然有市场经济逻辑的影响，即乡村经济相对滞后，文化土壤不够肥沃，难以支撑起大型文化设施的持续运营。

但文化供给不能仅依赖市场机制的调节，更不能仅由经济发展水平决定。文化不仅具有产业属性，更承载着事业属性，它关乎民族精神的传承与弘扬。即便在经济相对落后的地区，保护和发展当地文化也是刻不容缓的责任，当地居民同样有享受文化的权利。因此，构建稳定的文化设施，让文化的甘霖普降于每个人，显得尤为重要。

要实现公共文化服务的全民共享，首先需明确服务的对象。全覆盖的目标不仅要通过推进全民阅读、法治文化教育等方式提升服务的可达性，更要关注服务中的薄弱环节和关键群体。特别是从年龄段来看，"老年人、婴儿、少儿"应成为重点关注的对象，其幸福指数直接关系到社会的信心与未来。在三孩政策、"双减"政策以及老龄化趋势等多重因素的叠加影响下，提供更为丰富、精准的公共文化服务，对于丰富老年人、少儿等的精神文化生活至关重要。这不仅能够提升老年人的幸福感，也有助于少儿等的多元化发展，进而促进人的全面发展。

此外，从地域角度来看，乡村地区的文化设施建设同样亟待加强。作为文化服务的薄弱环节，乡村文化设施的完善不仅有助于缩小城乡文化差距，更是实现公共文化服务均等化的重要一环。

综上所述，文化发展的根本目的在于服务人民，其动力源自人民，最终的发展成果也应由人民共享。因此，加快构建现代公共文化服务体系，推动基本公共文化服务的标准化与均等化，实现全民共享，不仅关乎社会发展的动能，更直接影响到民众的福祉。期待全社会能够共同努力，让更加高效、丰富、精彩的文化生活成为每个人心中的力量之源。

第二节 增强基础设施建设

一、倡导并推进乡村"新基建"的构建

"新基建"不仅是促进社会经济发展质量提升的关键工具，而且在提升我国在全球产业链及价值链中的地位上起着举足轻重的作用，对地区发展潜力的持续释放具有深远影响。在我国当前振兴乡村经济的进程中，农业政策性机制显得尤为不足，因此，我们应积极倡导并支持乡村"新基建"的深入发展，以期其发挥更大的作用。

（一）拓展"新基建"在乡村的应用领域

结合乡村"新基建"所涉及的具体领域，我们应持续进行创新探索，有效扩大"新基建"在农业支持方面的应用范围，并开辟新的支持领域。全面扶持乡村信息基础设施的建设，以提升乡村基础设施的数字化水平为目标。例如，支持乡村种植业、种业以及畜牧业等农业生产经营领域进行数字化升级改造。同时，积极推动"区块链+农业"、5G、人工智能等前沿技术在基础设施建设中的应用，不断创新关键技术装备。此外，还应加大对农业农村云平台、大数据平台的建设力度，并完善农业农村政务信息系统，从而为乡村振兴提供坚实支撑。

（二）创新"新基建"的金融支持模式

在推动农村信贷业务发展模式创新的过程中，我们应广泛推广并应用企业自营、供应链金融等模式。这些模式应紧密围绕客户的实际

需求进行设计和优化，特别是在政府征信、产业链金融、土地利用以及优质客户开发等方面进行深入挖掘和创新。同时，我们还应积极探索新型的贷款、保险、股权、债权以及基金等联动方式，以实现物资流、资金流和信息流的有效管控和闭环管理。这将为"新基建"在乡村的发展提供完善的融资解决方案，并打造全方位、多层次的金融服务体系，从而全面提升服务乡村振兴"新基建"的能力。

（三）建立多元化的"新基建"合作模式

首先，加强银政合作是关键。银行应积极扮演金融顾问的角色，深入参与乡村"新基建"政策制定和项目规划，为地方政府提供高质量的融资咨询服务。同时，要统筹规划好项目融资主体、资金来源、信用结构以及融资模式的创新问题，将地方政府的"投资项目库"有效转化为金融视角下的"融资项目库"。

其次，银企合作也不容忽视。我们应进一步加强对乡镇企业的金融辅导力度，例如，通过采取"一企一策"和"一问题一方案"的策略来实现直接融资和间接融资并重以及表内融资和表外融资相结合的方式，进而为地方乡镇企业量身定制符合其发展战略规划的融资方案。

最后，加强同业合作也是推动"新基建"在乡村发展的重要环节。我们应持续深化与国家政策性银行、保险企业、商业银行、投资银行以及担保机构的深度合作，不断完善"政策性银行＋担保＋商业＋保险＋基金"的多元化融资渠道，以形成合力推动乡村"新基建"的蓬勃发展。

（四）创新"新基建"支持主体

在具体的投入模式方面，农村"新基建"应当主要采取"以市场主导为主、地方政府引导为辅"的发展模式，积极引入社会资本投资。所以，应当支持相关企业加入农村"新基建"发展领域，并发挥出其作用。持续挖掘我国优质民营企业的力量，尤其是当地优质企业，广泛融合各大优势资源，凝聚各方力量，全面推进乡村振兴"新基建"建设。

二、完善传统基建并兼顾新基建

考虑到我国未来的长期稳定发展，特别是要克服城乡之间"不平衡不充分"的发展问题，进一步缩小城乡间的差距，并推动全国经济的一体化发展，我们必须认识到农村基建投资的重要性。在此背景下，农村地区的重点仍然是解决传统基建投资领域中的核心问题，同时辅以新基建的投资。当然，城镇中的新基建项目可能更为密集，但我们必须避免在城镇过度追求高端新基建，而忽视或遗忘农村地区传统基建仍存在的诸多问题和巨大缺口，以免进一步加剧城乡发展的不均衡。

（一）加强农村及欠发达地区的常规基础设施建设

为了加强农村地区的常规基础设施，我们需要关注那些短板最为突出的区域。这意味着我们必须加大对农村欠发达地区的基础设施建设投入，使基础设施从城乡融合的障碍转变为促进城乡融合的桥梁。这样不仅可以提升城市参与农村基础设施建设的积极性，还有助于解决上文提到的问题。我们应该集中精力补齐农村基础设施的短板，以建设美丽乡村为目标，完善农村地区的水、电、交通、通信和物流等基础设施，推动农村地区形成合理布局、城乡互补、协调发展的基础设施体系。

（二）吸引民营企业投资农村基础设施建设

在继续发挥国有企业在基建中核心作用的同时，我们也应更加重视并引导民营企业参与城乡基础设施的建设。这里的关键在于保障民营企业的投资收益和安全。未来，中国农村基础设施问题的解决将不再仅依赖政府，而更可能是政府、企业和社会力量共同合作的结果。

为了实现这一目标，国家应进一步放宽对民营企业的准入条件，促进其与国有企业的公平竞争和独立运营。同时，通过制定相关政策来增加其经营利润，引导它们参与农村"新基建"。这将有助于吸引城市的人才、信息和资金流向农村地区，打破城乡二元经济结构的壁垒。这不仅能够改善农村人口的分散状况，促进基础设施的发展，优化农村居民的生活环境，还能通过发展大量的农村内生民营企业来增加农民的就业机会，推动农产品的深加工，扩大农村市场，并促进乡村娱乐、餐饮、运输和教育等产业的发展。这将有助于增加农村贫困地区的收入，提升新时代农民的整体素质。近年来，信息化产业涌现了许多民营企业家，他们在网络通信、数字化和人工智能等领域具有显著优势，因此，民营企业在推动农村"新基建"方面有望发挥巨大的作用。

（三）倡导农村集体参与共享基础设施建设

中国农村的广大农民是基础设施建设的最直接受益者。因此，国家应出台更多有针对性的政策，鼓励村委会发挥其基层作用，引导和号召农民集体组织和个人参与某些基础设施项目的管理和建设。遵循"谁出资谁受益"的原则，推动"集体及个人出资、集体建设、集体及个人共享"的运营模式，这有可能成为推动中国农村地区基础设施建设的一股重要力量。

第三节　推动乡风文明建设

一、深入挖掘利用地方文化资源

文化是特定群体成员所习得和共享的概念系统、意义体系和情绪情感模式，是一套象征系统。文化是一个地方的灵魂和名片，是一个地方最重要的无形资产。充分挖掘地方文化资源，打造特色鲜明的地方文化品牌，是传承和创新地方历史文化的重要途径，是发挥文化对经济社会的支撑和推动作用的重要法宝。

一方面，坚持保护和开发并用，推进文物和非物质文化遗产资源共享。继续推进重大和重点文物保护工程，提升非物质文化遗产保护水平，加强对非物质文化遗产传承人的培训，让非物质文化遗产成为农民群众的文化"小鲜"。

另一方面，重视挖掘地域内的传统工艺、历史人物、名篇名著、戏曲、绘画、民间传说等，经过策划和整合，促使其成为具有市场潜力的文化产业项目，并依托品牌活动和网络营销，促使本地特色文化产品"走出去"。

二、有效实施乡村德治工程

乡村群众是乡村振兴的主体，而较高的思想道德素质是推进乡村振兴的关键。近年来，农村思想道德建设取得良好成效，但也面临来自乡村转型的严峻挑战。要坚持教育引导、实践养成、制度保障，实施农民思想道德提升工程，加强农村思想文化阵地建设，倡导诚信道德规范，构建道德建设长效机制，为乡村振兴提供思想保障。

第一，以道德建设为重点，提升农民文明素质。深入挖掘传统道德教育资源，推进社会公德、家庭美德建设，持续提高乡村社会道德水平。加强农村社会诚信建设，健全征信系统，完善守信激励和失信惩戒机制，强化农民的责任意识、规则意识、集体意识和主人翁意识。持续开展寻找最美乡贤、乡村教师、医生、"村官"等活动，推广道德评议，建立道德激励约束机制，用民间舆论、群众评价的力量褒扬社会新风、批评不良现象，引导农民自我管理、自我教育、自我提高。培育新乡贤文化，以乡情为纽带，以优秀基层干部、道德模范、身边好人的嘉言懿行为示范引导，涵育文明乡风。

第二，以文明创建为载体，提高农村社会文明程度。以《全国文明村镇测评体系》为导向，以文明村镇、美丽乡村、文明家园等创建活动为抓手，深入推进文明创建、文化惠民、道德典型、移风易俗等示范工程，持续深化文明家庭、星级文明户创建活动。选树乡村德治先进典型。继续组织开展农民道德模范、好公婆、好媳妇等选树活动，大力弘扬尊老爱幼、邻里和睦、勤劳致富、扶贫济困的文明风尚，引导农民向上向善、孝老爱亲、重义守信、勤俭持家。加强科技、卫生知识教育，利用基层党校、农民夜校等资源，鼓励支持企业、合作社组织对农民开展技能培训，提升农民的科技文化素质和职业技能水平。

第三，充分发挥"一约四会"①作用，促进乡村移风易俗。规范村规民约的制定和修改工作，促使其更加契合现代法治理念，更好地规范和约束村民行为。完善村民议事会、道德评议会、红白理事会等村民自治组织体系，遏制人情攀比等陈规陋习，使乡村德治建设有人管事、有章理事。规范农村党员和公职人员组织参与制定红白喜事的标准和报告制度，引导党员干部带头遵守移风易俗规定，带头抵制各种不良风气，以党风政风的扭转带动乡风民风的改善。

第四，以文化建设为抓手，丰富农民精神文化生活。继续抓好基层综合文化站、农家书屋等阵地建设，提高公共文化服务均等化水平。深入挖掘农村乡土、历史、人文资源，组织开展具有鲜明地方特色、群众喜闻乐见的文体活动。大力培育、扶持农村文化团体和文艺骨干，加强培训和指导，打造农民身边的文明宣传队和道德宣讲队。创新宣传内容和活动载体，通过送戏下乡、文艺演出、远程教育等形式，开展社会主义核心价值观和优秀传统文化的宣传教育，引导农民树立科学思想，养成文明习惯，追求健康生活，营造崭新风尚。

三、培育新乡贤参与乡村治理

人力资源不足、人才储备匮乏成为横陈于新时代乡村振兴战略要求下乡村治理的"内源性动力困境"。在人才作为"第一生产力"的时代，其肩负着组织、动员、示范、解放思想、带头致富等多种要务，而乡村最具潜力的人力资源储备在于对新乡贤的挖掘培育。新乡贤作

---

① "一约四会"是指村规民约、红白理事会、道德评议会、村民议事会、禁毒禁赌会。

为参与乡村治理的嵌入力量，利用其独特的地缘优势及宗族关系，在国家行政权力下接至乡村自治的中间地带，有效发挥增强社会结构弹性、减少国家与社会间摩擦的作用，对于重塑乡村道德风尚、实现乡村良性治理具有重要的实践意义。要深入挖掘地方传统乡贤文化，搭建新乡贤参与乡村治理的载体，积极吸引新乡贤参与乡村治理，构建乡贤参与乡村治理的机制，为新乡贤发挥作用提供平台支撑。

第一，着力建立健全新乡贤参与乡村治理的吸纳激励机制。各乡村都应认识到，对上级选派的"第一书记"和驻村工作队固然要笑脸相迎，各类社会贤达和成功人士同样需要重视。这些新乡贤既能为乡村振兴出谋划策、聚集资源、躬行实践，又能以良好的道德品行垂范乡邻、传播文明、改善乡村风气。要制定相应的政策措施，建立和完善包括医疗卫生保障、精神荣誉鼓励等在内的新乡贤吸纳机制，鼓励离退休老干部、大学教授、工程技术人员和工商界人士告老还乡发挥余热，参与乡村治理，为他们创造条件、提供保障、给予便利，解除其后顾之忧。

第二，着力构筑和建立新乡贤发挥作用的平台和机制。以乡土、乡情、乡愁为纽带，以强农富民美村为目标，充分挖掘地方丰厚的乡贤文化资源，创新乡贤文化，积极为新乡贤返乡参与乡村治理营造良好社会氛围。在有条件的乡村，可组建"乡贤理事会""乡贤议事会"这一类乡贤组织，并依法进行规范，提高其组织化程度，放大乡贤资源效应。进一步畅通乡贤参政议政、建言献策渠道，鼓励他们多进行深入调查研究，多献务实为民之策，激发其内在活力。

第三，着力健全新乡贤参与的乡村治理绩效评价机制。注重挖掘乡村熟人社会的道德规范，并结合时代要求进行创新，建立基层党委政府、村"两委"和农民群众共同参与的权重评价机制，将有品德、有能力、有学识、有热情作为新乡贤的认定标准，将办事是否公道、是否依法办事、能否把事情办成、在村民中是否有威信、在乡里是否有公信力等作为新乡贤的评价标准，把好入口关，用好用活考核机制，确保新乡贤队伍的群众性、公正性和公信力。

第四节　提升村民自治效果

伴随基层民主体系的建设日益完善，村民自治在其中发挥着重要的作用，它影响着乡村治理的效果。只有不断提升村民自治能力，乡村治理才会迈向更高的发展阶段。不断优化乡村治理的效果，让村民拥有更强的自治能力，能够为乡村振兴注入强有力的支撑，也能够激发促进乡村发展的新动能。

一、村民自治的基本内容

依靠群众的力量来行使民主权利被称作是村民自治。简单来说，就是村民依法处理与自己相关的事务，不断进行自我教育，提升自我服务的质量和水平。在决策、管理、监督等各个环节都体现出民主性。所以，提升村民自治的效果，要从以下几方面开展工作。

第一，全面推进村级民主决策，把重大村务的决定权交给村民。民主决策，即与村民利益息息相关的事项，包括集体经营所得、费用收缴、误工情况、资金补贴、村集体经营情况、教育的开展、道路建设的细则和方案、村级公益事项的制定、承包情况等，都需要由村民会议来决定，按照讨论的结果得出最终的结论。

第二，全面推进村级民主管理，把日常村务的参与权交给村民。

民主管理，即依照国家法律的相关要求，结合地方发展的诉求，由全体村民制定相关管理细则。明确村民职责与义务、事项处理流程、环境建设、治安发展、移风易俗、经济运转等方面的详细要求，不断提升村民的管理能力。村民进行民主管理需要依靠相应的村级章程，它具有较强的权威性，也较为全面和规范。村规民约重点针对的是村级事务的具体问题，如防火、安全等。村规民约的目的是对村民行为进行规范。

第三，全面推进村级民主监督，把对村干部的评议权和村务的知情权交给村民。民主监督，即通过公开评议、定期汇报以及民主公示等方式，发挥村民对村级事务的监督和管理作用，对村委会和村领导进行必要的监督。监督的重点是村务公开，也就是与村民休戚相关的事情都需要定期公开。需要注意的是，行政村不是一级政府的范畴，它在自治过程中的重点是进行自我管理。

二、创新和完善我国村民自治发展的对策

（一）全面推进村级民主选举，把干部的选任权交给村民

民主选举，就是按照宪法、村委会组织法、实施村委会组织法办法和村委会选举办法等法律法规，由村民直接选举或罢免村委会干部。村委会由主任、副主任和委员3至7人组成，每届任期3年，届满应及时进行换届选举。选举坚持公平、公正、公开的原则，把"思想好、作风正、有文化、有本领、真心愿意为群众办事的人"选进村委会班子。也就是说，选出一个群众信赖、能够带领群众致富的村委会领导班子。

村委会是村民进行自治的主要组织，村委会依靠村规民约实现管

理的目标，依照法律进行治理，依照法律实现高质量管理。首先，要依照法律的细则建章立制。一个社会如果没有法律的约束，就无法正常有序地运转。对于那些与宪法等法律精神相违背的村规民约，要及时进行修订，确保村民有法可循。其次，要不断促进村务公开。村民自治工作中最关键的一点就是村务公开，它是村民十分关注的重点问题。一是要保证公开内容简单明了、重点突出、真实准确；二是要确保公开的程序科学，规定一个地点，确保较高的效率，运用灵活的方式；三是选择合适的时间公开，及时公开村务，特殊情况要随时公开。

（二）提高村民政治参与意识与能力

要想保证村民自治的质量，需要村民有较高的综合素养，而要想确保村民拥有较高的文化素养，需要持续提升教育的质量。只有以高质量的村民教育作为保障，村民才能以更大的热情参与到自治的过程之中。一方面，要促进农村教育水平的提升，让村民自治有更强大的主体支撑，其影响是长远的。要引导村民真正意识到自身是民主治理的主体，以较强的公民意识参与到自治的过程中。另一方面，要引导村民不断树立自身的参与意识，形成相应的精神品格。此外，还要定期对村干部进行培训，对传统的任用方式进行一定的革新。村干部要不断创新自身的领导方法，拓宽工作渠道，让群众能够真正体验到他们在自治过程中发挥的重要作用，进而积极参与其中，将其创造性充分释放出来，为新农村建设添砖加瓦。

（三）村民自治组织要正确处理三个关系

一是和乡镇政府的关系。村委会的工作需要乡镇政府发挥其指导作用，同时，要确保指导工作落到实处。对于乡镇政府而言，要全面履行好自身的指导职责，村委会除了接受建议，还要结合当地的发展特色。同时，村委会要积极争取被指导的机会，将镇政府的各项指导建议落实好，确保自身有较强的执行力。

二是和村支部的关系。村委会在支部的领导下有序开展工作。对于村支部来说，要确保村民在自治的过程中，严格按照相应的章程行使权利。村支部要将其对于村委会的领导作用发挥好，村委会要严格执行请示制度，要明确"两委"各自的权力范围，不断推进约束体系的建立与完善，真正实现二者的相互配合，凝聚强大的合力。

三是和"两会"①的关系，村委会和"两会"之间是被监督与监督的关系。在充分考虑村民整体利益的基础上，"两会"针对各个事项做出最终的决定，对村委会的工作给予指导与监督。对两会做出的决策，村委会需要严格组织落实，及时将工作情况上报，并接受两会的监督。

（四）从战略高度重视农村文化教育事业

从长远角度看，村民自治需要以文化教育为根本。在自治的过程中要充分意识到这一点。在对村民自治的效果进行评判的过程中，不仅要将文化建设情况作为评价的一个重要参考因素，还要将其作为一种个体的价值选择，使其为人们内心所遵循。大多数发达国家都对文化教育十分重视，在经济发展较好的国家，劳动力的文化水平也比较高。例如，法国的农民有一定的准入门槛，需要先通过三年学习才有成为农民的资格；荷兰、丹麦的农民只有经过相应的培训才能取得

---

① 两会是对自 1959 年以来历年召开的中华人民共和国全国人民代表大会和中国人民政治协商会议的统称。

农民证书，然后才可以自主经营农场。所以，这些国家的青年农场主培训工作也做得相对较好。在日本，从事农业工作的行政工作者都必须接受过大学教育。从上述案例可知，要想实现农业现代化高质量发展，农民需要有较高的文化素养，这是十分关键的一点。文化教育的内容十分广博，除了文化知识教育，还包括各种技能培训、道德教育等，从中我们能够充分看出其人文性的一面。此外，高质量的文化教育需要以相应的制度为保障，要建立健全奖惩机制，推动文化基础设施的健全发展，这些对于村民自治的推动作用十分明显。

中国农村村民自治的实践经验十分丰富，这使得社会主义民主的进程向前推进了一大步，也使得自治制度的建设更加健全。村民自治充分体现出，在党的领导下，我国广大农民群众在民主发展进程中的不懈探索，充分彰显出社会主义民主获得了更大的发展空间。在党的领导下，村民自治的形式不断丰富，这也是时代发展提出的新要求，会直接影响未来农村文明建设进程。

第四章 乡村治理现代化的机制完善

第一节 乡村治理现代化的总体机制
——"城乡一体化"

一、城乡战略布局一体化

（一）促进城市偏向政策向城乡融合政策转向

改革开放以来，中国的工业化和城市化加速推进，这一时期的城乡关系变迁，既有市场机制引导、运行下的城乡要素流动和优化配置，也有地方政府机制在城市偏向政策下造成的城乡要素及公共资源的配置扭曲。传统的以规模扩张为主的粗放型城镇化是不可能带动城乡实现融合发展的，乡村被城市所"统筹"，造成"城市病"与"三农"问题同时存在。2014年，《国家新型城镇化规划》的出台是对传统粗放型城镇化的纠偏，也是对长期片面的城市偏向政策的调整与完善，新型城镇化以"高效城镇化"为关键特征，将推动城乡发展一体化作为重要内容。不过，要彻底促进城市偏向政策的转向、破除城乡二元结构，片面强调城镇化一侧是不够的，因为城乡融合涉及城市和乡村两个主体的关系，因此，2018年中央又提出乡村振兴战略,将乡村振兴与新型城镇化置于同等重要的位置,并进一步明确新型城镇化与乡村振兴战略的内涵与互动关系,完善新型城镇化与乡村振兴战略布局一体化机制,以此加快推进农业农村现代化和城乡融合发展。

（二）促进新型城镇化战略外生动力与乡村振兴战略内生动力的结合

新型城镇化除了体现在"高效性",还体现在其"包容性"上,重点是解决"人口城镇化"长期滞后于"土地城镇化"的问题,强化服务于农业转移人口的基本公共服务和公共产品的均衡化配置和实现基本化供给,有序推进农业转移人口城镇化,旨在以此为抓手,有效推动城乡之间生产要素的自由流动和公共资源的合理配置,从而促进农业农村现代化。从新型城镇化实践中可以观察到,近年来农民进城通道逐步通畅,下乡资本和资源逐步增多。但问题是,单纯依靠新型城镇化的外力作用,虽然可在短期内解决农业农村发展滞后的一些现实问题,但是却难以持续地推动乡村的健康发展,原因在于没有充分激发农村的内生性动力,尤其是没有从本质上解决乡村治理的偏离化、走样化问题。中央提出乡村振兴战略,就是要从乡村内部挖掘促进乡村发展的内生动力,通过一系列制度和机制的构建,深度调整政府与农民之间的权力和利益关系,激发农民参与乡村建设的积极性和主动性,不但直接解决了约束和限制导致的"激励异化"问题（包括权力异化、市场异化和社会异化）,而且使下乡资源、资金与乡村各发展要素相互结合、互为补充、协同发展,以此推动乡村的全面振兴。总而言之,完善城乡战略布局一体化机制,可以将新型城镇化的外部带动和乡村振兴战略的内生动力两方面紧密结合,从而协同推动农业农村高质量发展。

（三）积极促进城乡融合发展"一体两翼"格局的构建

尽管新型城镇化战略和乡村振兴战略提出的时间不同，侧重的领域也有差异，但实现城乡一体化发展是两大战略的共同目标。从战略的侧重领域来看，新型城镇战略化主要侧重于以高质量的城镇化带动农业农村现代化，而乡村振兴战略主要侧重于以农业农村发展保障新型城镇化的顺利推进。因此，迫切需要将两大战略有机结合起来，构建以城乡一体化为一体、以新型城镇化战略和乡村振兴战略为两翼的"一体两翼"格局，只有两大战略一起推进，才能实现城乡融合的一体发展，并在城乡融合发展过程中真正实现乡村振兴。

中国乡村治理体系现代化主张完善以统筹两大战略为核心的城乡战略布局一体化机制，从根本上为城乡要素流动不顺畅、公共资源配置不合理等突出问题的解决奠定实践基石，这一治本之策对于促进城乡融合发展体制机制障碍的消除、重塑新型城乡关系、走城乡一体化发展之路具有重要的意义。

二、城乡发展空间融合化

规模扩张的粗放型城镇化造成城乡二元结构矛盾尖锐，导致农村和城市的分离和阻隔。城乡在空间上产生分裂与对立，俨然是两个世界。空间是一切矛盾、斗争、冲突的场所，是一切社会运动开展的鲜活平台。只有人参与其中的空间才是真正的空间，才是有意义的空间，①这一理念与"以人民为中心"的新型城镇化战略和乡村振兴战略导向高度契合。现代化乡村治理体系对城乡战略布局一体化机制的完善，要以城乡发展空间的融合为切入点，塑造城乡融合发展的空间格局，为城乡战略布局一体化奠定空间基础和实现条件。

（一）总体考虑城镇和乡村发展，推进城乡规划统一化

《中华人民共和国城乡规划法》指出，为了加强城乡规划管理，协调城乡空间布局，改善人居环境，促进城乡经济社会全面协调可持续发展制定本法。从中可以看出，虽然城乡规划的物理载体是土地，是空间，但是其根本目标是经济社会的全面协调可持续发展和人的居住环境的改善，而经济社会的可持续发展，最终落脚点还是实现人的全面发展。对于城乡规划而言，人是其发展和价值实现的主体，人的素质提升和生产力的提高，是持续发展的重要源泉，因此，人的发展才是城乡规划的核心。

但是，长期以来，我国的城乡规划并没有将人的发展置于核心位置，而是将经济利益作为城乡规划的首要目标，由此导致城乡规划重"城"轻"乡"，并直接造成城市和乡村的基础设施和公共服务配置的失衡。观察发现，在规模扩张的粗放型城镇化推动下，每年都有大量乡村农用地在规划中被调整用于城市开发建设，并因为"土地城镇化"远快于"人口城镇化"，使长期居住在这些被规划的土地上的农村人口丧失了基本的发展权利。由于对长期生活的家园失去预期，他们就不会善待土地，其行为越发急功近利，甚至突击违法新增建筑

---

① 邱峙澄. 空间正义：新型城镇化发展中的城乡融合治理 [J]. 齐齐哈尔大学学报（哲学社会科学版），2020（7）：59-62.

面积以期望获取更多拆迁收益；相关企业也不再提高产品质量，而是等待厂房评估与拆迁，或者在拆除时间点前以破坏周边环境为代价进行报复性生产。以上这些并非全部的隐患和问题。在粗放扩张型的城镇化下，规划的蓝图不仅没有成为现实，反而造成了村庄的快速荒废。观察发现，有的村庄在"等待"十多年之后重新开始村庄建设，但是，由于在这十多年里，地方政府停止对这些村庄进行建设投资，农民不再耕种农田，甚至对破败的道路和桥梁也不及时修缮，土地荒芜、杂草丛生，村庄基础设施建设十分薄弱，给重建工作带来了极高难度。这些问题的出现，从根本上讲还是因为在城乡规划中，只考虑了城镇化和工业化发展，没有考虑乡村发展的现实需求，导致广大农村地区因缺乏科学规划而陷入无序的发展，这是人为造成的农村的衰败，没有遵循农村演化的客观自然规律。

因此，要促进城乡发展融合化，应在规划层面实践城市价值与乡村价值共融的价值内涵。为推动城乡规划一体化发展，需要注意以下三个重点：首先，城镇化加快了人口向城市流动的速度，但是，仍有很多农村常住人口居住在乡村，这些农村人口的生产生活同样需要得到基础性保障，而且应充分考虑未来人口逆城市化的发展需求，提前规划布局。其次，从畅通"国内大循环"角度看，未来城乡之间人口互相流动的速度会加快，数量会增多，需要在规划中将交通一体化作为重点系统布局，以改善农村地区道路、水路等为重点，构建城乡一体化的高质量交通网络。最后，完善建设用地供给机制，促使其更合理。建设用地是城镇化和产业发展的关键要素，但是，当前建设用地的指标化供给机制不甚合理，尤其是尚未健全与人口城镇化相衔接的建设用地增加机制，导致部分城市出现建设用地的紧约束，并由此产生了部分地方政府对于"增减挂钩"等政策工具的不当使用问题。解决之道是通过公共政策调节、法律法规调整、市场机制配置等方式优化建设用地供给策略，促进建设用地资源配置的集约高效。

（二）优化城乡规划编制工作，保证空间规划的科学性

城乡规划编制的科学性直接影响规划的有效实施。实现城乡发展空间的融合，不仅要将城镇和乡村系统布局，还应制定既能够有效衔接城乡发展战略，又能合理指导城乡建设的空间规划蓝图。但是，当前城乡空间规划编制情况并不尽如人意，从空间规划编制的视角，可以窥见乡村治理的深层次问题。空间规划编制的目的应当是为实现民众对更好生产生活的期待提供空间保障，但现实中，却走样为部分政府官员谋取政绩或利益的工具。当前空间规划编制存在三个"不科学"。

1.空间规划编制主体"不科学"

空间规划编制是治理的重要方式，体现治理取向，凝练治理理念，外化为对一个地区经济社会发展趋势的理性把握。科学的空间规划编制应当是政府、市场、社会在共同参与、合力研讨的基础上所达成的发展共识。但现实是，政府在规划编制中是主导性力量，一般民众难以参与到规划的制定中来，城乡规划在一个封闭的环境中形成，难以与社会发展的现实、与民生需求有效衔接，从而使得规划脱离现实需求，造成规划异化，在"物本化"的治理理念下，政府的自利性在空间规划中表现得十分突出。

2.空间规划编制过程"不科学"

在乡村郊野单位规划编制时，一般过程如下。

首先，规划编制通常由上级规划部门启动，他们会明确规划的要求和时间节点，并指定专业的规划设计公司来执行具体规划工作。

这一步骤确保了规划工作的专业性和系统性。

其次，在规划任务下达到基层政府后，有时会出现对乡村实地调研不足的情况。一些基层政府可能只是简单地将要求传达给村庄，而没有进行深入细致的调研和指导。这可能导致村庄在准备规划材料时感到仓促，对规划的专业性理解不足。此外，设计公司在进行规划时，确实存在过于依赖技术层面参数设定和图纸绘制的情况，有时忽视了实地调查与研究的重要性。他们的工作主要是对村庄报送的资料进行整合和图纸化，而缺乏深入乡村进行实地考察的环节。

最后，基层政府与设计公司进行对接时，应该更多地基于严谨的数据资料分析和实质性的理性研究来确定建设用地和产业用地的布局，而不仅是根据领导意图进行决策。

3.空间规划编制方法"不科学"

空间规划具有很强的专业性，而且有刚性的上位规划约束、土地利用约束和其他规范性要求，地方性规划被通俗地表达为"戴着镣铐跳舞"。但当前，个别地方领导未遵循规划的客观规律，甚至在还没有搞清楚规划基本概念的情况下，盲目投入巨额资金聘请所谓的国际知名设计公司进行空间规划设计，由于未弄清这些约束性条件，盲目照搬所谓的先进理念和方案，结果根本无法落地，造成资金和资源的严重浪费。以上问题的根本原因在于，政府既是空间规划的制定者，也是空间规划的执行者，又是空间规划的监督者，空间规划服务于政府和其部门的利益。因此，应将现代化制度建构全面嵌入城乡规划编制过程之中，通过强化党的领导保证规划为人民服务的价值导向，开放规划编制过程，激活民主机制，限制政府任意调整规划的权力，激活自治机制，整合村集体共识并使之能够实质性地影响规划过程，激活信息技术等要素促进空间规划编制的精准，实现规划编制既体现民主又能够集中，最大限度保证城乡居民的发展利益。

（三）实现城乡空间规划过程法治化，保证空间规划的有效性

当前城乡空间规划具有"人治化"特点，而"法治化"不足，导致空间规划的随意性较强，无法较好发挥引领地区可持续健康发展的作用。现代化的乡村治理体系，通过乡村法治建设，将乡村规划过程纳入法治化的治理框架和轨道，保障和维护多元治理主体依法参与规划编制的权利，用法律法规限制地方政府任意修改规划的权力，以此保证城乡规划价值取向的充分发挥，走出规划异化的困境。

一方面，要强化法治在城乡规划编制全过程的在场。如果没有制度化的刚性规范和程序要求，那么地方政府以外的其他治理主体难以在规划编制中拥有表达意见的机会。用法律规范、法律程序、法律监督等来直接约束地方政府审慎对待空间规划的制定，做到"有权不任性"，直接限制政府滥用规划权，与资本合谋侵害农民利益的行为。同时，要特别注重发挥各级人大在城乡规划编制全过程的作用，强化各级人大对同级政府编制规划的监督权，代表人民行使好民主权利，防止地方政府设立其他机制替代人大在规划制定和调整中的行为。

另一方面，以法律法规来提升通过科学规划方法和程序所编制的空间规划的权威性，使法定的空间规划真正成为各类发展规划制定的前提与条件，以此直接约束地方政府的政绩冲动与扭曲行为。可以预见，在今后一段时间内，城市和乡村都将处于快速发展阶段，城乡建设发展的质量和水平已经并将继续对全面建设社会主义现代化国家全局产生深刻影响。因此，很有必要建立健全相应的法律法规，尤其是通过法律法规

增强乡村发展规划的约束性，强化生态保护红线、永久基本农田和城镇开发边界三条红线的法律保障，用规划的法治化规避城镇扩张的无序化，保证空间规划的有效性，实现可持续的城乡一体化发展。

三、城乡服务配置均衡化

城乡服务配置均衡化是指满足人们生存、发展需要的一些基本的公共产品或公共服务，如教育、医疗、卫生、社会保障、基础设施、就业服务等，在城乡之间分布均衡，没有显著的城乡差别。以地方政府为主体的公共服务均衡配置做得好，表现为治理效果好，或者说实现了良好的治理，良好的治理表现为提供了好的公共服务。

（一）城乡之间公共配置的非均衡性表现

乡村公共服务主要包括社会治安、教育卫生、基础设施、社会救助、环境保护等方面的服务内容。由于长期以来的城市偏向政策，乡村领域公共服务配置欠账较多。核心问题是，在现实的乡村治理体系中，公共服务并没有真正成为治理的主要内容，或者说工作重点。地方政府主导的治理内容还是以经济发展、政绩工程或形象示范项目为主，其最大兴趣还是在对其自身有利的领域上，因此，城乡之间公共配置的非均衡性主要体现在三个方面。

一是上级任务导向与群众需求导向的非均衡。政府主导下的乡村治理，是基于权力驱动的，而非需求驱动。公共服务供给在权力驱动下必然走样，造成地方政府在完成上级任务的同时，忽视了对群众真正需求的满足。原因需要辩证分析，客观上，信息不对称等因素导致上级任务设计与基层实际需求不匹配，在压力型体制下，下级政府缺乏有效谈判能力，导致压力刚性下的行为扭曲；主观上，下级政府借完成上级任务为名，施"自利性"行为之实，忽视群众诉求，群众又因缺乏监督政府的有效渠道而无法自下而上影响政府行为。

二是快速增长与持续发展的非均衡。在扭曲的激励机制下，地方政府追求财政收入等的高增长，忽略持续发展因素，而高增长下资源的过度消耗直接制约乡村的长远发展。观察发现，有的地方政府领导甚至有意弱化对农村公共服务和基础设施的完善，意图是减少土地征用和开发建设的阻力。

三是人的发展与物的发展非均衡。不论中央政策指向如何，地方政府都习惯将这些政策计划化、项目化、工程化，将这些政策要求置换为形态化的物质建设。比如，中央提出要增加乡村公共文化产品和服务的供给，地方政府一般就会进行公共文化示范站点的建设，以应对上级部门对此项工作的调研和检查。但是，地方各级政府长期根据各类政策要求所"沉淀"下的诸多硬件建设项目，由于缺乏人的使用和维护，造成大量的资源浪费，这与中央政策的指向是背离的。

这些城乡资源配置的非均衡性问题，说明公共服务还没有内化进乡村治理的日常运行机理。

（二）城乡资源配置的非均衡问题解决

关于解决城乡资源配置的非均衡问题，总的思路还是要将"公共服务"从政府口号转变为实践，并通过现代化制度的功能进行转化，输出"城乡服务配置均衡化"的治理结果。

1.以城市价值与乡村价值的共融为理念

乡村治理体系现代化主张城市价值与乡村价值的内在融合，即从发展理念层面，明确乡村发展在国家整体战略中的重要价值，强调要将全面推进乡村振兴作为建设现代化国家的重要使命。因此，要使乡村与城镇一起构成人类活动的主要空间，强化乡村公共服务供给，实现城乡服务配置的均衡化尤为重要。现代化的乡村治理所主张的城乡服务均衡化体现了乡村发展的价值理性。乡村振兴的最终目的是维护农民利益，使农业人口拥有和城市居民同等的"依据社会普遍生活标准享受文明生活的社会福利资格"①的权利，只有让农民居有定所、老有所养、病有所医、安居乐业，才能真正体现乡村发展的进步价值和意义。但农村公共服务配置欠账较多，以农地灌溉管网为例，不少灌溉系统还是20世纪70年代修建的，在灌溉过程中会浪费大量水资源，影响粮食生产产能。这些问题的出现，从根本上讲还是由于乡村治理的"物本化"理念，片面地将乡村视为城镇化的资源要素来源，试图用最小代价换取乡村稳定，集中资金、资源进行城市和产业园区的开发建设，使农村公共服务的提供滞后于整体经济发展水平。长期以来，乡镇政府是乡村公共服务供给的主要来源，但问题是，在实际运作中，乡镇政府的资源十分有限，以乡镇作为推进主体，难以实现与城市地区相均衡的公共服务配置。现代化的乡村治理体系主张把县域作为城乡公共服务配置内在融合的重要切入点，强化基础设施和公共服务县乡村统筹，健全县乡村功能衔接互补的治理格局，推动县域内城乡公共服务的均衡化配置，这就要求县级政府转变乡村治理的价值理念，将主要精力放在更好地补齐农村公共服务短板上，而不再是延续新城或走工业园区开发建设的老路。

2.以"服务型"政府转型为前提

虽然地方政府的目标设定一般都是为民众提供公共服务，在形式

---

① 郭忠华，刘训练.公民身份与社会阶级[M].南京：江苏人民出版社，2007.

上也将"以人为本"等提法写进各类文件报告，但事实上其工作重心依然集中于经济增长，比如招商引资、增加税收，或者开展能够快速出政绩、出形象的大工程。政府公共产品也并不是服务于人，而是服务于经济增长，因而会将更多更好的公共服务功能配置于新城或重点工业区周边，这种公共服务配置的走样化进一步加剧了城乡之间公共服务配置的差异化。从政府转型的角度看，要促进城乡服务配置均衡化，重点是要提高政府运行的制度化水平，建立健全以公共服务为中心的规则系统，确保公共服务供给的公益性和均衡性，这样方能确保政府围绕公共服务来开展工作，真正履行公共责任。其中的难点是如何激发政府从事公共服务，尤其是在乡村强化公共服务配置的主动性。在治理体系的现实状况中，政府很难将农民的需求内化为政府的工作动力，而上级领导的指令却具有很强的推动力，两者之间激励的强度不可同日而语，自上而下的问责压力塑造了地方政府激励结构，而且已经严重固化。道理很简单，为民提供公共服务很难在短期内出成绩，或者说出了政绩也难以直接测量。但是，与问责相关的工作或者上级部门的行政指令如果有所怠慢，则可能面临较严厉的惩罚。因此，要实现政府的动力转向，必须重塑政府的激励结构，引入民主机制，强化来自农民的自下而上的问责，建立健全农民的民主制度和问责机制，完善政府公共服务的动力基础和责任机制建设。因为这些服务需求是由农民生发出来的，农民最关心也最有动力评价和监督。通过基层民主建设，将地方政府的运行置于农民群体的监督下，激发政府强化公共服务供给的内生动力，才能真正实现"服务型"政府的转型，不断提高乡村公共服务配置均衡化的水平。

3. 以现代信息技术运用为方式

当前，信息网络融入经济和社会发展的各个方面，互联网已经进入

"大智移云"（即大数据、智能化、移动互联网和云计算的统称）的新时代。在乡村治理中，现代信息技术的运用使社会主体和市场主体拥有更优越的发展环境和条件，尤其是在促进公共产品和公共服务的均衡供给方面具有显著的优势。当前，数据已经成为与资本、土地、人口等处于同等地位的资源要素，现代信息技术使数据更自由地流动与共享，这为促进城乡居民享受到均衡化的服务配置提供了有力的技术支撑，也对当前封闭化的治理主体产生了直接冲击和挑战。乡村治理的现实仍然是由政府所主导的，政府主导下的乡村治理表现出很强的自利性，并形成了"内卷化"的乡村治理困境。随着越来越多的民众可以更普遍地获取和共享信息资源，传统意义上的封闭化的治理主体必将会受到越来越强烈的质疑。同时，民主制度和基层自治建设也会因现代信息技术的运用而得以更有效地运转，吸收更多的民众参与推动乡村治理的改革和监督政府的行政行为。这些变化会加快形成新的面向城乡服务配置均衡化的开放的乡村治理体系。

一是在治理主体上，封闭化的利益集团很难"暗箱操作"。有媒体专家指出，在信息时代，任何有关民生领域的信息，都有可能实现数据化传播，导致严重的公共危机事件。治理主体已经不再是单一权力拥有者和行使者，而逐步成为多元化主体之间普遍合作的治理主体结构。

二是在治理方式上，政府通过更多公共服务来满足民众对教育医疗、就业创业、民生保障等的多样化需求，努力营造良好的秩序和营商环境来提振经济，而不是用行政化手段干预微观经济运行。

三是在治理机制上，现代信息技术的运用能够实现对运动化治理现实的改善。治理资源的稀缺是产生运动化治理机制的一个重要缘由，地方政府只有在一定阶段整合尽可能多的资源力量，才可以解决某一特定的现实问题。而"大数据"和"云计算"的结合，使治理主体可以通过对海量的、多样化的"大数据"进行"云计算"，快速获取有价值的信息。随着数据的不断积累和云计算能力的日益提升，治理主体可以通过计算和分析，精准把握社会问题的关键点，并获取更为准确的治理路径，从而极大节约治理资源，提高治理效能。比如，在公共服务供给中，能更精准地对接现实需求，将有限的资源布局到真正有效的领域，提高城乡服务配置均衡化的质量。

第二节　乡村治理现代化的动力机制——"互补融合"

完善"城乡一体化"机制是新时代科学实施乡村振兴战略来解决中国城乡发展不平衡问题的重要途径，突破了过去片面围绕城市的需求制定政策的思路，确立了乡村发展与城市发展平等的地位，使乡村不再依附于城市、农业不再依附于工业，为解决"三农"问题确立了基本的制度前提。在此基础上，为实现农业强、农村美、农民富的愿景目标，需完善城乡"互补融合"的动力机制，在产业、土地、人口等重点改革领域和环节，实施一系列切实有效的政策措施，促进城乡要素自由流动，激发多元主体内生动力，高效驱动乡村振兴战略的发展。

一、大力推动工农产业互惠共进

乡村振兴战略要牢牢把握"产业兴旺、生态宜居、乡风文明、治理有效、生活富裕"的二十字方针，产业兴旺是乡村振兴的根本支撑，没有产业的乡村犹如无源之水，难以为继，因此，要促进乡村产业发展，以新的业态打造乡村增长极。一方面，围绕农业供给侧结构性改革，从劳动力、土地、资本、创新等生产要素的投入以及要素结构的变革与升级方面，推进农业产业现代化。农业成本高与土地制度有密切的关系，农业现代化水平低、规模化经营不足、土地流转费过高等制约了农业产业化，即城市的高地价限制农业劳动力转移，过高的土地流转费又限制农业规模化经营，亟须改革土地制度推进农业产业化。另一方面，构建农村产业增长极，发挥农村特殊优势，立足于乡村的产业、人口、文化等禀赋的基础，自下而上激发乡村潜力，由依赖城市带动农村的外生增长模式向乡村内生增长的可持续发展模式转变，比如发展乡村田园综合体、美丽乡村、乡村民宿等增长极。

从产业发展的角度看，马克思主义经济学对城乡关系进行过论述：恩格斯在《共产主义原理》中提出了城乡融合的概念，其基本思想是消除由产业不同带来的城乡就业对立、人口在空间分布上的不均衡，以及由城乡对立所产生的城乡福利的差异。古典经济学和新古典经济学也对乡村建设与发展有过明确的论述。李嘉图在《政治经济学与赋税原理》中系统地对农业与工业、农村与城市发展问题进行阐述，认为农业与工业之间存在相互协调与促进的关系。当前，城乡之间产业非均衡发展问题比较严重，尤其是农业发展质量不高、生产效率不高、创新力和竞争力不足。面对耕地规模的紧约束，要提高农业产量和质量，必须依靠以生物技术与信息技术为特征的农业科技，加快推进农业关键核心技术攻关。但是，我国在农业核心技术方面的突破进度不理想，特别是在种源的自主研发等方面存在明显的短板。这些问题是长期以来我国政策界对"工业化"的片面理解造成的。

乡村治理体系现代化理论强调要树立城市价值与乡村价值共融的理念，并将"城乡一体化"机制作为总体机制，目的就是要重塑城乡关系，形成城市和乡村产业互惠共融的格局。乡村治理体系现代化的一个重要目标就是要实现乡村产业振兴。乡村产业振兴推动农村高质量发展，并继而为"三农"问题的有效解决奠定基础和提供条件。乡村产业振兴，也同样不能就乡村论乡村，而是要与城市产业协同发展、共同发展。

（一）以加强城乡市场一体化建设为条件

市场一体化是加快构建国内大循环的题中应有之义，也是实现国内国际双循环相互促进的关键举措，目的是形成高效规范、公平竞争、充分开放的国内统一大市场，是逐步打破和消除地方市场分割的过程。

当前，我国已经进入高质量发展阶段，过去以粗放型发展促进经济快速增长的方式亟须转变，在这一背景下提出乡村产业振兴目标，坚持市场化改革，强化城乡市场一体化建设是高质量发展的内在要求。由市场主导乡村产业发展，并不意味着政府彻底退出，政府应着力优化乡村产业发展环境，完善市场运行规则，放开搞活农村经济，推动乡村大众创业万众创新，不断激发农村创新创业活力。特别是要以农村产权制度改革为核心，合理引导工商资本下乡，通过资源要素在乡村新领域的重组，逐步形成新的产业、创造新的需求。

要实现市场一体化，前提条件是切实转变政府职能。地方政府面对压力型体制与竞争性机制的激励扭曲，如果没有制度化的直接约束，难以实现真正的简政放权。现代化的治理体系把"以人民为中心"作为价值取向的核心理念，通过健全市场一体化的制度，在经济领域激活市场主体的有效参与和竞争机制，在政治领域扩大企业家群体的民主参与，在社会领域为市场主体提供城乡均衡化的公共服务，并用制度约束地方政府对微观经济的直接干预。尤为重要的是，在乡村经济发展中，政府的重要职能转变方向是健全联农带农的有效激励机制，完善农民更多分享乡村经济发展成果的紧密型利益联结机制，实现"以农民利益为核心"的价值目标。不过，目前很多地方政府在乡村经济发展中更注重直接或间接地打造农业企业或大型合作社，建设现代农业产业园、农业示范园、乡村民宿和农业旅游示范区等，却很少关注实质上的农民联结的强度。因此，亟须建立健全现代化的农民紧密型利益联结机制，用制度化、法治化机制切实转变政府职能，实现政府职能向市场环境营造、市场规则监管、农民利益保障等方向转型，增强地方经济的内生动力，激发乡村经济可持续发展的活力。

（二）发达地区乡村以加快产业融合为驱动

工农产业互惠共进的关键是产业的融合发展，产业融合发展的关键则是城乡之间的有机互动。长期以来，城乡有别的治理机制导致城乡分割的市场体制，资源要素向工业和城市倾斜严重制约了乡村发展，导致工农产业比例的失调。尤其是在发达地区乡村，这种反差尤为强烈，观察发现，在一些国际化大都市的郊区乡村，医疗、教育、基础设施、农业灌溉设施等却十分落后，与现代繁华的城区相比，简直有着天壤之别。近年来，随着乡村振兴战略的全面实施，政府增加了对乡村公共服务和公共设施的投入，乡村面貌得到了一定的改善。但是，产业的融合发展难以通过公共服务供给等行政化配置的方式来实现，必须依靠市场机制有机、自发地进行调节。

1.发达地区乡村具有产业融合发展的独特优势

有的地方政府充分发挥了发达地区乡村在资本和人才等方面的比较优势，实践出发达地区发展乡村产业的特色模式。以上海市F区为例，该区以乡村振兴战略为目标，依托紧邻国际大都市的区位条件，探索发展"总部经济发展型"的产业融合模式。在该模式下，F区结合宅基地和集体建设用地的改革，发挥乡村的生态优势和空间优势，吸引实体企业将办公或注册地点转移到农村。由于该区农村紧靠市区且交通便利，这些实体企业并不会增加过多的交通成本，反而降低了办公用房的租金，并获得了生态化的工作环境。对于村集体而言，通过土地入股收益、租金、税收等多种方式增加了集体经济收入，最终惠及农民。在该案例中，F区以城乡一体化市场为依托，通过工业、商业和农业互促融合的方式，引导和鼓励村集体经济组织充分发挥自身比较优势来开拓市场、寻找合作机会，从而使城乡不同资源要素在适应市场需求的基础上进行更合理的配置。不少发达地区的农村已经高度城镇化，或者正在向城镇化迈进，无论是交通路网、污水管道、生产配套还是信息网络等都与城市没有多大区别，这些都为城乡工农产业的高度融合奠定了物质基础。

2.优化区域间的产业布局

在国内大循环格局的加速形成中，发达地区乡村的产业结构升级能够解决我国不同区域间农产品同质化竞争的问题，也为欠发达地区乡村腾出了发展空间，为欠发达地区乡村高质量农业发展带来机会与可能。总体来看，虽然我国粮食连年丰收、农民收入持续增加，但同时，农业农村经济发展也面临着结构性的矛盾和问题，主要表现在三个方面：第一，农产品供求结构失衡。一般农产品供大于求，而优质农产品短缺，有的农产品比如玉米库存高企，有的农产品比如大豆、奶粉供应不足，需要大量进口。第二，农业用地、劳动力等成本明显上升，推高农产品生产成本，导致近年来我国大米、玉米等主要农产品价格比国际市场价格高出30% ~ 50%，难以形成比较优势。第三，耕地质量下降、地下水超采、土壤重金属污染、水土流失和土地荒漠化加剧、农业面源污染加重，适合农业生产的生态环境越发脆弱。

乡村治理体系现代化的机制以优化区域间的产业布局为重点，不断优化调整乡村经济结构，提高农业供给体系的质量和效益。首先，针对高质量农产品不足的问题，发达地区农村要腾出空间，发挥人力资本和技术优势，集中创新要素开展农业科技核心技术研发。其次，针对农业生产成本不断上涨的问题，可以依托全国一体化市场，将需要大量用地和劳动力的农业产业转移到欠发达地区，同时运用新技术提高生产质量和效率。最后，长期以来发达地区的快速城市化和工业化进程，导致粗放型发展下的资源消耗，许多地区的土壤和水源已经不适合农业生产，这同样需要通过农业产业布局的调整来解决农产品安全问题。在这个过程中，被污染的土壤和水源通过生态修复得以休养生息。观察发现，有的地方通过种植观赏类的绿植、花卉等，既为第三产业发展提供良好环境，又为土壤环境提供了修复的养料。

（三）欠发达地区乡村以要素为基础参与市场分工

促进工农产业互惠共进，对于发达地区乡村而言，要加快产业融合驱动实现乡村产业结构升级与传统农业转移。但对欠发达地区的乡村来说，发达地区产业融合的方法方式很难直接复制过来。在西部某省调研发现，有的地区不顾自身实际条件，借"推进农村一二三产业融合发展"的文件要求追求政绩，盲目投资开发乡村旅游项目，结果导致资源的极大浪费。在当前中国城市资本过剩的情况下，如果开发旅游资源有利可图，资本当然会去投资，但现在的问题是，政府为求迅速出成绩，在"激励共振"下，用大量财政资金进行非市场化的投资行为，不仅造成了资金和资源的浪费，而且扭曲了市场规则，使城乡市场一体化机制迟迟无法得到有效的运行。目前，国家对农村地区巨额的转移支付没有形成农村基层治理的活力，这种情况需要进行根本性的反思。如果不从本质上调整治理思路，努力培育能够承接和转化这些资金和资源的内生性力量，那结果就是输入的资源越多，农民的依赖性越强，甚至还会出现一批又一批寄生在支农项目周围的土地食利者或钉子户，这种情况如果得不到改变，那么即使农民获得了"利益"，也不会提高其对国家和政府的认同。在乡村全面振兴的背景下，国家又提出新一轮的乡村建设计划，这意味着将有更多的资金和资源流向欠发达地区的农村和农业领域，但如果不从根本上形成基层治理的活力，则无法实现对资金和资源的有效使用。所谓有效，"就是将有限的资源用来有限解决最必需的诉求，而不是要用无限资源满足所有诉求"①。当然是满足不了农民所有的诉求的。根据乡村治理体系现代化理论，应在以下两个方面推动欠发达地区工农产业的互惠共进。

1.激活村社集体的活力，为承接外部资金资源奠定基础

有学者指出，国家不仅要有办大事的能力，也要有办小事的能力。②乡村治理位于国家治理的最基层，所治理的事务通常都是所谓的"小事"，小事很琐碎，小事也很复杂。目前，国家对农村产业扶持的政策基本都是按照自上而下的标准化、项目化的方式来推动的，用这些标准化、项目化的政策要求来处理全国不同农村的小事，效率十分低。但问题是，由于各级地方政府的自利性，如果没有这些验收标准和要求，更难保证这些资源能够落实到农村。这些问题反映出当前下乡资源转移中所面临的"一收就死，一放就乱"的困境。

① 贺雪峰.治村 [M].北京：北京大学出版社，2017：155.
② 潘维.当前"国家治理"的核心任务 [J].人民论坛，2014（13）：44-48.

乡村治理体系现代化主张"价值理性与工具理性相统一",将国家资源最终受益者——农民的状况改善作为价值标准,通过强化基层自治建设,充分激活村社集体的活力,提高下乡资金和资源的使用效率,并有效转化为产业持续发展的内生动能。

欠发达地区要实现产业振兴,只靠外部资源的大量输入是不可持续的,最根本的动力显然是基层组织的活力。首先,要通过基层自治建设形成村社集体与农民之间的良性互动,通过村民会议等民主机制来组织和动员农民,让农民参与讨论、共同研究确定乡村产业定位和发展,特别是要让农民能表达出自己的需求偏好,从而形成农民的共同利益和意志。村社集体作为农民利益的代表,可以代表村集体直面农民需求、回应农民诉求、维护和保障农民的权益。其次,在村民自治建设取得一定成效的基础上,各类支持欠发达地区产业振兴的资金和资源可以转入到村社集体平台,使村社集体掌握一定的公共资源,有能力以村社组织为中介,将这些公共资源与村民的利益和需求进行对接。因为触及农民真实的切身利益,这一对接必将产生巨大能量,不仅能促使村社集体激发出内生性活力,而且能够极大提升这些扶持资源和资金的有效性,切实解决农民在生产生活中的困难。

2. 以具有比较优势的要素作为基础参与城乡一体化市场的分工合作

第一,农业是以作物生长为基础的产业,因此,气候、土壤性质、水资源情况等都会对农业发展有很大的影响。长期以来,中西部地区的自然资源优势并没有得到充分挖掘,随着乡村振兴的全面深入推进,乡村产业支持力度的不断加大,中西部地区有望依靠其生态禀赋和地理环境的优势,成为更多高品质特色农产品的主产区,满足民众日益增长的对高品质农产品的需求。

第二，发达地区虽然发展水平高，但有较多历史发展中积累的问题，而欠发达地区就像一张白纸，可塑性比较强。比如，中西部地区可以直接运用最先进的生产和种植技术，加快补上烘干仓储、冷链保鲜、农业机械等现代化农业装备，直接铺设物联网、大数据等现代信息基础设施设备，应用最先进的工农产业融合模式，充分实现后发优势。

第三，通过多年来的持续投入与发展，中西部地区的交通路网等基础设施建设明显改善，能够让这些特色农产品通过便捷的交通路网与市场互联互通，及时为全国各地的人民供给产自中西部地区的农产品。

第四，随着县域综合配套能力的增强，中西部地区的县城和集镇能够作为区域中心，承担服务村社集体参与市场分工合作的功能，这就提高了中西部欠发达地区乡村更好依托县域服务保障能力，通过城乡一体化的市场机制作用，选择更适用的产业发展方式。比如，适合就地对农产品进行工业化加工的，可以产品化后直接进行市场销售；而如果缺乏工业加工条件，则可以在市场中选择更经济有效的方式进行商品化，通过更为合理的市场分工，实现农业生产的标准化、精细化和品质化。

二、促进土地要素平等交换

城乡"互补融合"机制的完善，不但需要产业要素的工农互促，而且要深化农村土地制度改革，促进城乡土地要素的平等交换。一直以来，城镇用地和农村用地之间是截然分开的。城镇土地属于国家所有，可以自由流转；而农村土地属于农民集体所有，很难参与市场交易，这就造成农村土地要素难以通过市场化运作获得收益，特别是在城镇化扩张的进程中，农村土地的价值难以显化。

在城乡土地要素二元结构的制度安排下，各地政府依托排他性的征地规则制定权，垄断乡村土地的非农化过程，在快速工业化和城市化的发展过程中，现行土地制度弥补了财权与事权错位的财政缺口，在一定程度上缓解了地方政府的财政压力。但是，以"土地财政"为核心的城市"土地资本化"发展逻辑，造成了"手段"和"目的"的关系扭曲，积聚起诸如城市房价畸高、农村劳动力被迫转移、利益阶层空间固化、政府信任缺失等一系列社会风险。以土地流转制度为例，在国际上通行的土地流转制度下，土地所有者可以通过市场机制，根据自身意愿与开发商协商和谈判，不仅保障土地所有者的权益，而且杜绝了政府与开发商深度关联可能带来的寻租和腐败问题。与国际上通行制度不同，虽然我国2019年修订的《中华人民共和国土地管理法》允许集体经营性建设用地入市，但前提是必须符合规划和依法登记，实际上仍然是由政府所主导和控制的。哪些集体经营性建设用地可以出让、向哪个开发企业出让，仍然受到地方政府严格的计划和安排。除集体经营性建设用地外，乡村其他两个类型的土地——农用地和宅基地，也仍然无法直接入市①。政府仍然必须充当土地供需的中介者、计划安排的实施者、各类手续的办理者和各类风险的承担者。拥有这些权力的政府势必发挥其自利性，以土地经营为理念，扮演房地产开发市场主体的角色。但是，政府毕竟缺乏富有企业经营经验的人才，也缺乏与市场逻辑相衔接的管理者激励机制，说到底在政府运行规则下难以孕育出可贵的企

---

① 虽然《中华人民共和国土地管理法》允许农村集体经营性建设用地入市，但目前入市条件仍受到政府严格管控，因此笔者仍然视土地所有者与开发企业间为"基本禁止交易"。

业家精神，因而造成不少地区的建设缺乏合理的规划和布局，产城分离，商业萧条，公共服务设施建设与现实需求严重脱节，实质上造成了大量资金和资源的浪费。

这些问题的出现，根本上是由于城乡土地要素无法平等交换，造成土地要素没有被有效地使用。在深化市场化改革中要探索推进农村土地参与市场化运作的有效途径，建立城乡统一的建设用地市场，为城乡用地建立相互连接的桥梁。乡村治理体系现代化的乡村土地制度改革，不仅需要建立健全一体化的建设用地市场，更为重要的是切实保障以农民利益为根本路向的土地流转制度。特别是在征地过程中，要以现代化乡村治理的制度建构为基础，既要运用党委全面领导制度，保证土地征收使用的"公共利益"价值取向，也要激活民主机制，保障农民的合法利益，避免通过强力或者暴力形式强征或强拆，同时还要以法治乡村建设保障土地征收的全过程，防止土地食利集团见机谋利。

现代化乡村治理制度建构的过程，主张审慎稳妥地推动农村土地改革，正是充分考虑到激进的市场化改革必然带来灾难性的后果。可以预见，到2035年基本实现社会主义现代化，到本世纪中叶把我国建成富强民主文明和谐美丽的社会主义现代化强国。在实现这一目标的现代化过程中，需要通过不断改革和完善农村土地制度，把握各地发展阶段的现实需求，为实现质变做好量变的积累。否则，如果片面为了守住"压舱石"，冻结所有农村土地要素的市场化交换通道，就会导致这一代农民的人力资本又要做出不必要的巨大牺牲，农村土地资源继续被粗放低效使用，潜在的农村市场活力持续被抑制，地方政府自身利益被继续强化，这些都会影响经济社会的可持续发展，影响实现中国特色社会主义现代化的效率，尤其是可能会影响广大农民群体对国家和政府的信任和支持。因此，考虑到当前乡村实际存在的三种不同的土地性质，需要分类推进以权利为核心的农用地改革、宅基地改革和集体经营性建设用地改革。

（一）完善农用地权利体系，促进农业现代化转型

一是推进集体产权制度改革，明晰集体所有权。以村集体为单位，明确归属和利益分享机制，通过法定程序将集体农用地资源资本化、股份化，让集体成员明确各自占有的股份。

二是完善承包权和经营权分离制度，保障农民土地承包权利。随着乡村人口结构的代际变化和对农业农村观念的转变，不少农用地面临土地承包权流转的现实需求。应坚持在自愿的前提下，完善农用地承包权和经营权分离的制度，保障集体成员对承包地的按份占有权、收益权、地租权、转让权、抵押权、继承权、担保权，以及城市户籍的农村集体成员的有偿退出权，逐步放开对经营主体的各类限制，优化承包地各项权利实现的市场化定价机制。

三是增加经营权的权利强度。由于农业生产的特殊性，在符合科学规划和法律法规的前提下，地方政府、村集体组织等，既要以法治保障经营权的合法权利地位，不得以任何理由干涉其经营行为，同时也要考虑到农业生产的长周期性等特点，坚决取消对流转经营合约进行时间限制的不合理制度规定，以稳定经营者长期从事农业生产的预期，依此才能激励经营者持续进行农业投资和产品改良，为农业的现代化转型发展创造条件。

四是发展新型农村集体经济，优化代表村民农用地利益的农村集体经济与各类市场主体和社会主体的合作机制，带动新型农业经营主体的成长，培育和发展家庭农场、农业企业、新型农民合作社等各类

市场和社会主体，率先在农村产业发展领域实现多元共治，促进集体经济保值增值与农民持续增收。

（二）推进农村集体经营性建设用地制度改革，逐步实现城乡同地同权

农村集体经营性建设用地主要指乡镇企业用地等属于农民集体所有却长期以来无法参与市场交易的土地类型。具体而言，乡村治理体系现代化主张充分激发多元治理主体参与，加快推动农村集体经营性建设用地制度改革。

首先，界定清晰农村集体经营性建设用地产权主体。依托村民代表大会的集体沟通机制，厘清乡镇、村、村民小组等主体的产权界限。[①]

其次，完善农村集体经营性建设用地权利体系。应尽快出台全国性的集体经营性建设用地管理办法，赋予农村集体经营性建设用地与国有土地同等的权利，包括所有权、使用权、经营权、转让权、租赁权、抵押权、上市交易权、有偿退出权等。集体组织可根据上位规划和用途管制等约束条件，结合市场预期和村民意愿，经过集体讨论等民主程序后选择具体使用哪些权利。

再次，建立兼顾国家、集体、个人的土地增值收益分配机制。国家可通过资源税收获得稳定收入，村社集体可通过经营、租赁、合股、转让等多种方式获得经营性多类型收益，农民个人可通过获得入股分红、集体收益分配等方式，获得经济收益。

最后，在上位规划和总量控制的约束下，应赋予农村自治组织

---

① 邱峙澄．空间正义：新型城镇化发展中的城乡融合治理 [J]．齐齐哈尔大学学报（哲学社会科学版），2020（7）：59-62.

更大的规划内部平衡和调整权，促进农村集体经营性建设用地的高效利用。

（三）健全宅基地权利体系，激活村庄转型内生动力

随着人口城镇化、农民代际变化和城乡加快融合，宅基地制度改革成为促进乡村活跃，推动城乡互补融合的重要抓手。现行法律规定不允许宅基地自由交易，且对宅基地退出方式的规定不明确，这样的制度规定就使得农民对宅基地只拥有使用权和占有权，却没有其他更具经济价值的权利。现行法律的另一规定，允许农民达到一定年龄后无偿获得宅基地，这就将宅基地的使用权与其集体成员的身份权联系在一起，并内蕴"鼓励"农民不占白不占的逻辑，导致宅基地越来越多，占用大量的耕地资源。现有宅基地制度下，人口、土地、产业、资金等要素无法真正做到自由流动，市场这只"无形的手"难以真正发挥实效。

一方面，村集体经济组织在现有法律下拥有无偿获得宅基地的权利，在满足一定条件时，其申请宅基地使用权被批准通过后，村集体对成员宅基地的建造基本不进行干预，这就导致很多村庄宅基地布局混乱、杂乱无章、违章搭建、加盖楼层的情况频发。[①]

另一方面，无法保障农民获得完整的土地增值收益。虽然中央有关文件中明确写到要引导和支持进城落户农民宅基地使用权依法自愿有偿退出，并指出要将收益全额返还农村，但在具体实施过程中，由于缺乏具体的标准和规定，加之信息公开透明度不足，导致农民对宅基地的用益物权无法体现。可以说，现有宅基地制度既造

---

① 陈国进.宅基地使用权制度：现状、缺陷与改革[J].人民司法，2013（19）：75–80.

成村庄形态的无序和土地资源的浪费，又缺乏保障宅基地资源配置效率的法律支撑，这与现代化治理体系价值理性与工具理性相统一的价值内涵相违背。宅基地作为一类可以被显化价值的稀缺性要素，应当遵循市场的客观规律，使其得到更合理的配置，以造福大多数民众。

乡村振兴战略提出后，各地在实施过程中必然要触及农村土地利用，尤其是在农村建设用地的使用方面做文章。宅基地在农村建设用地中占比最大。拓展宅基地原有单一的居住功能，增加其商业、旅游、民宿等其他功能是目前各地方实践较多的方式。除此之外，还有地方政府通过城乡土地增减挂钩的政策，试图通过拆除大量农村宅基用房，腾出建设用地指标，将农民宅基地置换为集中居住的楼房或排屋。这些想法的出发点固然美好，但却因为实施过程中法律依据的缺失、制度的不足与农民参与的缺乏，造成农民的权利难以被保障和维护，而政府却通过这些举措实现了其自身利益的最大化。具体而言，农民无法参与城乡土地挂钩方案的制定、农民集中住房的建设、土地增值收益的分配等环节，只能被动接受政府提出的置换方案和条件，政府借宅基地归并、置换等名义"与农民争利"等情况时有发生。

因此，逐步改革宅基地制度势在必行。

一是要改革，将宅基地的无偿分配转变为有偿使用。坚持一户一宅原则，对现存的一户多宅、违建、超建、新建等一事一议，采用不同的收费标准，通过成本约束，提高宅基地持有成本，倒逼多余的宅基地退出，通过村民代表集体协商划定宅基地有偿分配的时点，对时点后的宅基地资格权予以有偿实现。提出合理有效的土地使用资金管理办法，主要用于村内基础设施改造或者合理分配给全体集体成员。

二是改革宅基地资格权制度。通过宅基地资格权改革，促进其与城市居住用地的有效衔接，设定合理的资格权期限，赋予资格权利内涵，使资格权所有者可以有偿退出，可出让、转让、交易，从事乡村相关产业。在资格权的权利范围内，资格权所有人在科学的规划和用途管制的前提下，既可以通过租赁契约等方式享有由资格权派生出的宅基地使用权，又可以通过出让、转让、交易等途径让渡资格权。对于宅基地资格权入市，有学者担忧可能会造成农民失地风险，从而难以抵御周期性的经济波动和可能面临的不确定性。但深入分析就可以得出，这一观点本质是从静止、孤立、片面的视角看待问题。随着新型城镇化的高质量发展和农村人口素质的全面提升，大量农村人口进城谋利、参与市场竞争是必然的选择，村民选择让渡资格权获得一定进城资本，和城市居民通过出售商品房让渡国有建设用地的使用权一样，这些都是人的自由选择权。进城和投资风险当然不可避免，风险的存在本身就是客观规律，但不能因为小概率事件剥夺大多数农村人口的选择权、发展权。现代化治理体系主张用法治化、公共性政策来改革宅基地资格权，健全城乡一体的社会保障来降低农民失地风险。

三是改革宅基地管理体制。在规划要素约束下，赋予乡镇、村庄根据各地实际情况科学制定和调整村庄具体规划的权利。总之，要激活村庄现代化转向的内生动力，关键在于逐步转变传统宅基地的计划分配和管理方式，通过稳步、深入地推进宅基地的市场化、法治化改革，促进建设用地资源的高效配置。

三、推进城乡人口自由流动

在乡村治理现代化的进程中，无论是推动工农产业的互惠共进，还是促进土地要素的平等交换，都离不开作为必要条件和发展动能的城乡人口的自由流动。人是最核心的要素，一切发展都源自人，一切发展都为了人。如果城乡人口无法自由流动，那么城乡一体化的市场机制就难以真正建立起来，土地、产业、资本等其他要素就无法在城乡间得到合理配置。理想的城乡关系应当是和谐共生的，不论是收入和生活品质，还是人的素质，都不应当有太大差距。但当前的农村，基础设施、教育、医疗、娱乐等与城市差距悬殊。我国快速的城市化进程、日益高涨的城市化率，在拉动我国现代化进程的同时，也暴露出拥挤、压抑、焦虑、污染等城市病，加之劳动力需求日益饱和的现实，给我国城乡人口格局的变化提供了条件。美国地理学家波恩在1976年提出"逆城市化"概念，指城市化发展到一定阶段后，大都市发展开始趋缓，大量城市人口和资源流向农村及小城镇的过程。"逆城市化"改变了以往从农村向城市的人口单向流动格局，逐步转变为城乡之间人口的双向流动，有助于乡村优化人口结构、提高人口素质，为乡村理念提升、产业升级、治理革新奠定基础。应当看到，回流人口中除原来本村人外，还有来自不同地区、不同身份的人群，这些非村集体成员，势必将提出新的居住、工作、休闲的空间需求。因此，乡村治理体系现代化主张推进城乡人口自由流动，从根本上为"城乡一体化"总体机制的完善提供人口要素的动力保障。

（一）加快推进与户籍制度相关的系列改革

户籍制度的相关改革，是乡村治理体系现代化下，推动人口自由流动的核心所在，因为只有人自由迁徙，才能使各类要素得到优化组合和配置。但是，长期以来，在政府的"激励异化"下，户籍制度改革的进展并不尽如人意，主要原因是户籍制度的政策目标与政府自身利益深度绑定。

一是政府官员在向上为本地区争取利益、资源或权益时，对人口流入地而言，可选择常住人口作为基数，待资源争取到位后，可以通过户籍制度的隐性限制让本地人口享受更多的福利待遇，特别是优质教育资源。反之，对人口流出地而言，户籍制度可让地方政府选择用户籍人口来向上争取资源。在这样的资源分配模式下，资源无法达到均衡的配置，流动人口的福利待遇很难保证，部分发达地区城市户籍人口仍然享受着特殊利益。

二是在上级对下级政府的考核中，经济指标属于硬性指标，直接关系到地方官员的政绩。在这种情况下，流入地政府就会将户籍人口数作为分母来统计人均GDP，但其实作为分子的GDP总量包括大量非户籍人口创造的GDP。表面上的数字"美化"只满足了治理者对政绩的需求，但没有任何实际的意义和价值。

三是地方政府通过控制城镇居民和农业居民两种户籍类别，并制定农业户籍转到居民户籍的规则，来实现农村资源要素的非农化，如要将农村的建设用地"平移"至城市，维持居民户籍人口与农村人口之间的福利差别，对于地方政府引导农民"让渡"其名下的土地是大有裨益的。这些农村建设用地面积折算成城镇建设用地指标后，被用于土地出让或城市功能性项目开发，其价值能得到迅速增值，巨大的经济利益让地方政府官员缺乏改革户籍制度的动力。围绕户籍制度的一系列政策措施，单方面强化了政府官员和城市居民的利益需求，却消解了农民和进城务工人员的现实需要。

改革开放后，人口流动基本上是从乡村到城市单向度的，由于农民城市化滞后于土地城市化，进城农民无法获得与城市市民相同的社会保障，使得城市社会风险不断积聚。虽然近年来国家逐步放开城市落户政策，①然而，现实情况不一定能达到政策制定的目标预期。长期以来在以经济增长为目标的治理下，形成了少数拥有大量优质资源的特大城市，这些城市的虹吸效应十分明显。特大城市的利益刚性使得短期内无法实现公共服务的全面放开，而已经形成的优势地位会因马太效应而不断拉开与其他城市的差距，更多"慕名而来"的流动人口既无法得到与户籍人口同等的待遇，又使城市本身不堪重负。同样值得重视的是，由于部分城市的拥挤、压抑、环境恶化和其他"城市病"问题，不少城市市民开始向往乡村生活，希望迁往乡村居住，但是却遇到了重重阻碍。首先，村集体成员权并未放开，目前村集体的"户口"，比在我国最难落户的北上广深还要难上百倍，除非因为婚配或者原属于集体成员后来迁出等情况，基本上是无法获得村集体"户口"的。其次，无法获得村集体"户口"，那就不具有申请宅基地建房的资格，无法享受到村集体的各项福利，也无法参与到村集体的民主管理中，实际上游离于村集体之外，无法融入村庄。最后，即使市民租赁了宅基房居住，但是对房屋的装修和改善投入、租赁期的权利义务关系等，仍然得不到相关法律的明确保障。观察发现，这些下乡居住的市民会受到村集体的"歧视"，被认为是加重了村庄社会管理的负担。而且，由于乡村缺乏获利空间，下乡的市民以老年人口为主，很少有城市青壮年群体选择居住在农村。

人口的自由流动，不应只是一个向度的，而是城乡间的自由迁徙，人们可以根据自己的选择、职业、生活方式，自由选择适合的生活地点。《中共中央　国务院关于建立健全城乡融合发展体制机制和政策体

---

① 2019年中共中央办公厅、国务院办公厅印发的《关于促进劳动力和人才社会性流动体制机制改革的意见》中提出要以户籍制度和公共服务牵引区域流动，全面取消城区常住人口300万以下的城市落户限制，全面放宽城区常住人口300万至500万的大城市落户条件。

系的意见》既提出了"健全农业转移人口市民化机制"，又明确要"建立城市人才入乡激励机制""允许农村集体经济组织探索人才加入机制，吸引人才、留住人才"。中国乡村治理体系现代化主张要抓住人口这个核心要素，促进各类要素向乡村流动，为乡村注入新的动力。

具体而言，一是要完善农村集体经济组织的成员权制度。成员权是特定范围农民的群体性权利，以农民集体成员资格为基础，将集体权益归属于农民，农民成员权制度以村社农业资源为依托，以村社集体为利益配置单位，实现土地成员权是对农民身份界限的维护，基于对农民属于弱势群体的判断，其积极的作用是加强在城乡二元结构下对农民身份的救济，同时强化对农民的保障功能。不过成员权制度也存在消极的一面，即对逆城市化人口的限制。具体来说，城市人口在尝试融入乡村社会时会遇到诸多障碍，他们通常无法获得与成员权密切相关的权益，例如宅基地资格权、土地承包权和村民自治表决权等。此外，由于他们并非集体经济组织成员，村庄的村规民约也无法对他们形成有效约束。随着城市户籍制度的不断放开、城市偏向政策的逐步消解，造成农民弱势地位的制度因素正在消失，成员权对农民的保障功能也在弱化，反而因为农村人口加速外流的现实导致乡村的耕地撂荒，以及大量宅基地的闲置等。形势变化和现实需求催生了对成员权制度的改革。要与户籍制度改革相衔接，加快建立专门的法律或制度规定，调整和规范外部人口获得集体成员权以及集体成员退出的条件和程序，促进人口双向流动、合理分布。比如，"十四五"期间，山东将实施经常居住地登记户口制度，按照"宜城则城、宜乡则乡"原则，出台一系列尊重城乡人口自主选择定居意愿的政策。

二是要建立城乡一体化的社会保障体系。由于不同村组集体差异化的资源禀赋和治理条件，依托于成员权的社保水平在不同村组集体间的分布极不均衡。从长期看，建立城乡一体化的社会保障体系来取代各村差异化的成员权保障机制势在必行。因为公平正义是社会主义制度的首要价值。现代化的乡村治理体系推进城乡人口自由流动，重点就是要体现在社会保障的均衡发展上，加快建立统一的社会保障制度、城乡居民基本养老保险制度、医疗保险制度和大病保险制度以及弱势群体保障制度等，强化公共服务类社会组织的培育力度，推动社会力量参与社会保障体系建设，减轻政府财政和行政负担。同时，还要加快落实农业转移人口市民化财政政策，健全由政府、企业、个人共同参与的一体化社会保障成本的分担机制。

三是要建立城乡一体化的劳动就业制度。建立有助于城乡一体化发展的就业制度，是推动城乡互补融合的关键环节。因为人口不论是从农村向城镇流动，还是从城镇向乡村流动，就业都是一个人能够在一个地方扎根的关键性甚至是决定性因素。只有与就业相结合的"城镇化"或者"逆城镇化"，才是相对稳定的过程。稳定的就业是农民在市民化过程中的关键性因素，同样也是城市居民"逆城市化"的重要条件。这就要在逐步开放人口双向自由流动和完善统一的社保制度基础上，改革城乡差别的就业制度，特别是要将农民和农村人口这两个概念分开，使农民职业化，鼓励各类人才投身乡村建设，复兴传统的农业产业，创造新的就业机会，运用技术、资本、渠道、品牌等各类资源提振乡村经济，让新型职业农民成为有奔头的职业。

（二）确立乡镇以综合服务功能为中心的乡村治理格局

长期以来，人们习惯于将人口城镇化理解为农村人口向大都市的流入。由于大都市的获利机会较多，农村人口也更愿意到大都市来寻求工作机会。近年来，各地在乡村振兴战略指引下，加大对乡镇的建设开发力度，农村人口拥有了在"家门口"就能获取就业和服务的机会，乡镇也逐渐成为农业人口市民化的主要承载地。现代化的乡村治理体系主张强化乡镇治理的制度化建设，实践"价值理性与工具理性相统一"的价值内涵，在乡镇加快推进与户籍制度相关的系列改革，确立乡镇以综合服务功能为中心的乡村治理格局，真正体现乡镇的服务本质，完善城乡人口自由流动的主要载体。

1.确立乡镇治理的服务本质

"服务型乡镇"以"人民为中心"为价值取向，以城镇功能的全面发展为目标，是一种与乡村振兴战略相匹配的乡镇发展模式。服务型乡镇建设不仅重视乡镇经济功能的发展，更注重对城乡人口的公共服务，满足农村人口城镇化中对劳动就业、社会保障、社会融入、入学就医、生活环境等多方面的需求。如果乡镇综合服务功能不健全，农村人口就不会将乡镇作为城镇化的最终选择，那么中青年人口资源将继续远离乡村向大城市涌入，不仅大城市会不堪重负，而且乡村的产业振兴基础也会缺乏持续发展的动力源泉。因此，以"服务型乡镇"建设为主题实现乡镇功能的全面发展，是推进城乡人口自由流动的重要切入口，既能实现城镇化的可持续发展，又能为乡村振兴积蓄人才、技术、资金等重要发展要素。

2.推动乡镇治理体系现代化

一是要做好乡镇规划，通过促进城乡互补融合的乡镇规划来统筹全局，避免盲目发展、无序发展。在我国现阶段，乡镇规划应根据强化服务功能来配置，实现城乡的均衡发展和人口的合理分布，避免本末倒置，将乡镇规划异化为实现政绩的手段。

二是加快乡镇基层民主建设。乡镇长期以来难以向服务型转化，根本原因在于乡镇政府运行所遵循的治理逻辑，不是基于社会需要，而是基于上级要求或其自身的经济利益或政绩需要。应当加快乡村治理体系现代化民主制度在乡镇治理中的建构，逐步扩大乡镇民主直接选举，促使乡镇政府时刻保持对社会的回应，用制度约束来强化其对社会服务功能供给的责任感和使命感。

三是实现乡镇治理法治化。真正实现乡镇合理规划和加快民主建设，应当做好治理过程的法治化工作，只有这样才能有效避免乡镇治理的权力异化、制度异化对人民利益的侵害，激发多元主体参与的内生性活力，实现乡镇服务功能的有机提升。

3.完善以市场调节为手段的人口自由流动机制

所谓人口自由流动机制，就是人口自由迁移的一系列制度集合。当前，政府行政手段的调节仍然是促使人口迁移的主要方式，具体又可细分为动拆迁、宅基地置换、村庄归并等不同的人口迁移形式。现代化的人口迁移制度是以权利为中心的，主张完善以市场为手段的人口自由流动的机制，使人口的迁移主要通过市场来调节，民众可以综合考虑就业、生活方式和生活成本等方面来自主决定居住地。相比于用行政化手段调节人口迁移的方式，用市场手段来调节人口流动充分体现了"工具理性与价值理性的统一"，尤其是对于农村人口而言，他们的选择权与参与权得到充分尊重、保障和维护，同时也有助于实现以人口自由流动为基础的城乡融合可持续发展。

首先，确立并保障农村人口自由迁徙的权利。自由迁徙的权利既是市场调节的前提条件，也是现代化乡村治理价值内涵的具体要求。对于农村人口来说，确立并保障农村人口自由迁徙的权利有两层含义，一是保障和维护农村人口"进城"的权利，二是保障和维护农村人口"不进城"的权利。现实是，在我国户籍制度的引导下，农村人口拥有自由选择是否进城的权利。同时，政府也积极推动新型城镇化的发展，致力于实现城乡一体化和区域协调发展，确保农村居民能够享受到与城市居民相同的生活和发展机会。由于我国尚未建立保障人口自由迁徙权利的法律法规，地方政府通过行政化的方式调节人口迁移也是无奈之举。利益诉求的日益多元化和民众法律意识的提高，极大增加了行政化管理流动人口的难度，并不断累积社会风险。

其次，加强市场调节以保障人口的自由流动。以市场调节为手段的人口自由流动机制的完善，应与服务型乡镇的建设有机衔接，以乡镇服务功能的系统性升级为人口自由流动与均衡化分布提供保障。拉美国家在发展中，忽视了对农村地区的建设与发展，导致农村人口过度向大城市涌入，遇到严重的城镇化困境，使经济长期陷入中等收入陷阱。而通过实施乡村振兴战略，改变农村地区贫穷落后的面貌，并创造更多的就业机会，能够赋予农村人口更多的选择，既可以选择留在农村就业，也可以就近在城镇就业。如果中西部地区有较好的就业机会和社会保障，大多数农村人口自然不愿意"背井离乡"、舍近求远，这也就减轻了大城市的人口压力，避免人口向大城市过度集中。因此，"以人民为中心"的中国乡村治理体系现代化，主张全面、系统地强化市场调节人口自由流动机制的保障，通过乡村振兴战略补齐农业农村短板，释放更多乡村获利空间，促进人口在区域间更合理地流动和分布。

第三节　乡村治理现代化的保障机制——"统筹协调"

随着农村综合改革的深入，我国农业农村发展的整体态势良好，粮食连续丰收，农业综合生产能力实现了质的飞跃，农村的公共服务、社会事业都达到了一个较新的发展水平。从发展轨迹来看，改革初期，只要政策到位，红利就会迅速释放，经济社会就会迅速发展。但发展到一定时期，原有的依靠资源高投入和高消耗的发展方式难以维系，城市与乡村之间的深层次矛盾和问题就会凸显，如果不对乡村发展进行系统性治理，就会出现新一轮乡村发展的无序化、风险化过程，反而不利于城乡"互补融合"动力的积极释放，影响"城乡一体化"的高质量发展。

当前，城市与乡村之间发展不平衡、乡村发展不充分仍是乡村治理中最为突出的结构性矛盾，乡村要振兴，亟须完善"统筹协调"的保障机制，强化人口、土地、产业等改革政策的相互衔接与系统配套，优化基于多元主体共同参与决策的各层各类城乡融合政策体系的制定和实施，调整乡村改革进程中的粮食安全、农民失地、集体经济、农村生态、农村金融和社会稳定等诸多领域的风险化解策略。

一、健全统筹协调的工作机制

乡村治理体系现代化理论主张要健全统筹协调工作机制，保障"城乡一体化"总体机制的顺利推进，也保证有效激发"互补融合"的动力机制。但是，目前乡村治理具有明显的"碎片化"特点，既缺少"统筹"，又缺乏"协调"。"碎片化"的概念最早主要被用于美国地方政府的研究中，有两层含义：一是区域的碎片化，比如按照人群贫富程度来划分区域与配置差异化的公共资源；二是地方政府的碎片化，主要指繁杂的机构使许多问题无法明确责任部门。在中国的政治研究中，最早提出政府"碎片化"问题的是美国政治学家李侃如和奥森伯格，他们在对中国能源部门的决策过程进行考察后认为，中国的治理过程中"人治化"意蕴更浓，而制度化欠缺，在改革过程中，上级政府对下级政府的决策权下放，进一步加剧了这一问题。他们又指出了造成这一问题的基本成因：一是由于意识形态的淡化，缺乏促进政策制定和执行的共享价值观；二是地方有强烈冲动谋取地方利益；三是信息失真，下级领导可以有选择性地向上提供信息。[①]

"以人民为中心"的中国乡村治理体系现代化明确要健全统筹协调工作机制：一是统筹协调乡村治理发展规划或方案，加强党对发展规划的领导，将"以人民为中心"的核心理念嵌入规划的各领域、各环节，科学制定配套政策，推动各类配套政策规范化、制度化、法律化；二是统筹协调政府各部门的关系，建立健全规划实施和工作推进机制，保证各部门之间的工作相互协调；三是统筹协调政府与社会的关系，提高治理过程的民主化和参与性，确保公众的诉求可以被导入政府，并对政府行为形成有效监督和问责机制，保证政府决策的科学化，合理配置公共资源，有效提供公共服务；四是统筹协调政府与市场的关系，在促进产业要素、土地要素、人口要素等互补融合时，既要以市场机制提高产业布局、土地交换和人口流动的效率，又要发挥好政府在公共服务、社会保障等方面的作用，促进社会公平，并保障市场机制作用的有效发挥。

二、建立多元参与的决策机制

完善决策机制是乡村治理体系现代化的关键，"激励异化"下扭曲的决策机制是偏离化、走样化治理行为产生，并导致"三农"问题日益严峻的直接原因，必须从根本上对乡村治理的决策机制进行革命

---

① 赵树凯. 乡镇治理与政府制度化 [M]. 北京：商务印书馆，2010.

式重塑，完善多元参与的民主决策机制，这样才能有效发挥"互补融合"动力机制的作用，逐步实现产业、土地、人口等要素的城乡一体化配置，最终破解乡村治理的内在困境。

从乡村治理体系现代化机制完善的视角看，"城乡一体化"的总体机制明确了治理的准则和共识问题，"互补融合"的动力机制指明了治理的三大重点领域，那么"统筹协调"保障机制的核心问题就是要明确"如何治理"。中国特色乡村治理体系现代化治理主体，不是由政府主导下的单一主体，而是由多元化治理主体所构成。其中，系统协调党委与政府、政府与市场、政府与社会的关系是优化多元治理主体结构的核心问题。建立多元主体参与的决策机制，能够将公共"决策"作为中介，在实践中优化和调整各治理主体治理权力的重新分配，在相互间的利益博弈与权力协调中形成具有最大价值共识、真正代表公共利益的公共决策，真正践行"以人民为中心"的核心价值理念，做到乡村振兴人民建、乡村振兴为人民，实现乡村"善治"。为此，需要从以下方面完善机制。

（一）不断培养现代化的公民参与意识

公民参与意识是建立多元民主决策机制需充分考虑的前提条件，也是多元治理主体必须习得的政治品质。公民参与意识形成的核心是树立公共精神。公共精神包括独立人格、理性精神、公德意识、社会责任、政治认同、参与行动等。[①]具有公共精神的人，能够对外在权威和流行偏见等秉持反省和批判，有公共关怀精神并能够找到其自身利益与公共利益的结合点。越来越多具有公共精神的人参与到乡村治理中，有助于

---

① 刘鑫淼.公共精神：现代公民的核心品质[J].经济与社会发展，2007（6）：36-40.

乡村全面且均衡的发展，实现乡村各方面功能的提升。具体而言，应主动为公民参与乡村治理实践搭建平台和渠道，增强村民委员会、乡贤骨干、村民、各类经济和社会组织之间的横向联系，完善国家、地方、社会等不同层面的纵向整合，将多元主体一同纳入乡村治理体系的决策运行过程之中。值得强调的是，对于各类市场主体和社会组织，政府要循序渐进、有序扩大其参与的深度和广度，在保障其治理权利的同时，注意规范其整合社会诉求的方法和途径，并按职能对其进行专业化分工，对不同主体功能作用的边界和范围进行规制和监管。

（二）不断扩大民众参与公共决策的渠道

参与渠道是民主决策机制得以实现的路径，也是对民众参与权利的保障。建立多元主体参与的民主决策机制，重点是要切实赋权于民，赋予民众实现治理权的权力和途径。但由于长期以来的历史惯性，政府部门习惯于将民众的参与看作一种无理取闹行为而予以打压，这不利于民众的有效参与，更是对公共参与权利的侵犯。这就决定了要真正赋权于民，必须将政府的权力关进制度的笼子里，约束政府对社会的僭越。现代化乡村治理体系的制度构建通过确立党委全面领导的制度结构，以党委的权威性来保证各项改革路径和改革政策符合"以人民为中心"的核心价值理念，并通过民主制度建设、基层自治建设、乡村法治建设等促进政府与社会的权力关系的和谐，既避免改革出现大的动荡，又切实推动决策从权力中心向权利中心的民主化转变，使民众可以通过例行化的而不是非制度化的渠道参与公共决策。首先，要完善决策信息的预公开机制；其次，要充分发挥村民自治平台的作用，用好村民大会或村民代表会议的制度化民主协商和决策的渠道，沟通和协调村民之间不同的利益诉求；最后，要建立利益整合的决策机制，特别要重视农民组织的发展与其在代表整合农民利益方面的作用，在决策前形成最大程度的利益共识，切实维护农民的治理权利，真正促使其对公共决策产生影响，使各项决策能够围绕民众需求和服务功能展开，这有利于保证乡村始终围绕全面发展的轨道演进。但是目前，政府对农村社会组织发展的限制太多，这有很大的消极作用，不少小农户因为缺乏发声的渠道，长期被排斥在决策过程之外，可能会降低他们对政府的信任和减少支持。

（三）逐步增强多元参与民主决策的效能

只有在多元主体共同参与的民主决策过程中，科学有效的"城乡一体化"的各项机制才会形成，且最大范围地凝聚治理共识，激发多元主体的内生动力，从系统性和可持续性的角度共同推动乡村振兴。前文已经论证，全能主义政府会导致"激励异化"，将政府应当服务于民众需求的职能异化为自利性的政绩冲动，将市场机制和社会组织等的发展作为政府谋取自身利益的工具，而非治理的目标。乡村治理已经形成了严重的路径依赖，陷入"内卷化"的现实困境，在既有框架下不断地重复和复杂化，却没有形成有实际意义的治理水平的提升。乡村治理体系现代化主张"国家价值与个人价值的结合"，致力构建一种个人利益与集体利益有效结合的新格局，在多元民主决策的实践中激发乡村治理的内生动力，逐步增强多元主体参与民主决策的效能，从源头克服乡村治理的偏离化、走样化问题，实现乡村治理的真正进步与发展。首先，树立正确的政绩观，即政绩就是民生、民生就是政绩的治理理念，政府要主动向公众开放，保障民众诉求得以嵌入政府决策过程中；其次，维护社会组织和市场机制的发展权利，确保民主与法治在社会和市场发育过程中的核心地位，避免政府对市场和社会的僭越；最后，随着公民民主参与意识和水平的提升，公民得以逐渐养成具有包容性、公共性和权利意识的现代公民素质，能够自觉将个人发展与国家发展融为一体，从而形成动力内生的，不断推动乡村治理进步、促进乡村发展的多元互动共促的有效治理过程。

三、完善各类风险的化解机制

乡村治理体系现代化是一个长期的、艰巨的历史过程。不论是现代化的制度构建，还是城乡一体化的机制完善，都需要保持耐心，合理有序地改革和推进。当前，中国正在努力实现经济由高速增长阶段向高质量发展阶段的转型，面临外部竞争与内部稳定的双重压力，各类风险挑战和不确定性增加，妥善应对各类风险挑战尤为重要。特别是我国作为人口大国，乡村地区维护和保障国家粮食安全的功能十分重要，且乡村在托底保障、就业保障等方面的作用很大。乡村治理体系现代化主张要在乡村各项改革发展进程中，同步完善各类风险的化解机制，有力保障我国乡村振兴目标的逐个实现。

（一）化解粮食安全风险

粮食安全是深刻影响乡村持续振兴、国家持续繁荣稳定的战略问题。耕地安全对于粮食安全而言至关重要。但长期以来，耕地乱象屡禁不止。比如，一些地方占用基本农田大搞绿化造林、挖湖造景，一些地方在公路、铁路、河渠两旁占用粮田来建设几十米甚至几百米的绿化带。

虽然我国国土广阔，但与14亿多人口的需求相比，耕地仍是非常稀缺的资源。为此，必须要同时确保耕地的面积和质量，健全化解粮食安全风险的机制，为保障基本民生需求奠定坚实基础。近年来，中央先后开展清理整治大棚房、违建别墅、乱占耕地建房等行为，对于遏制耕地"非农化"起到了震慑作用。但是，这些运动化的治理方式，由于其内在难以克服的异化问题，很难从根本上化解耕地流失的问题，并极有可能反弹，这也是耕地乱象屡禁不止的原因。同时，粗放扩张的城镇化和工业园区建设给周边的农地和河流带来了严重的污染，使农村所种植的粮食等农产品给人类健康带来潜在风险。乡村治理体系现代化主张用制度化、法治化来解决耕地流失问题，其核心就是要划定和严守国土空间生态保护红线[①]，并制定专门法律，以法治来维护和保障生态保护红线、永久基本农田、城镇开发边界三条红线作用能够得到有效发挥。长期以来，缺乏生态保护的红线意识，是乡村生态危机的根本原因，是传统乡村治理下的顽疾。由于缺乏底线约束，地方政府可以任意扩大城市开发边界，占用基本农田进行开发建设，在生态敏感区进行矿产资源开发利用等，已经影响到我国的生态安全、粮食安全和国土安全。可以说，生态保护红线是调整经济结构、规划产业发展、推进城镇化不可逾越的红线，更是切实保证我国粮食安全的三重保险。一是要对三条红线的各自概念进行清晰定义和明确分界。加快对三条红线的调整和完善，制定生态红线管理办法，确保三条控制线之间做到

[①] 生态保护红线是指在生态空间范围内具有特殊重要生态功能、必须强制性严格保护的区域。永久基本农田是指为保障国家粮食安全和重要农产品供给，实施永久特殊保护的耕地。城镇开发边界是指在一定时期内因城镇发展需要，可以集中进行城镇开发建设、以城镇功能为主的区域边界，涉及城市、建制镇以及各类开发区。

"不交叉、不重叠、不冲突"。二是有序推进三条红线的科学划定工作。既要分层分类逐级推进划定工作，分清楚国家、省（自治区、直辖市）、市县的具体任务，又要制定三条边界之间的矛盾协调机制，同时应强化卫星遥感、大数据、互联网、人工智能等现代技术的运用，提高划定的精度和效率。值得强调的是，我国国土面积广阔，各地情况差异较大，做到三条边界的完全锁定既不可能，也无必要，而是要建立健全三条红线的动态调整机制，重点是完善合法合规动态调整的权限、义务、程序和范围等，做到共性、差异性和过程性的有机统一。三是强化监督保障严守生态保护红线。要建立健全三条红线监测和监管机制，严格基于三条红线的"违线"规划审查制度，充分发挥国土空间基础信息平台的作用，提升巡查技术水平，及时发现和纠正各类逾越红线的行为。

（二）化解农民失地风险

应对风险挑战，不仅要稳住农业这一块，还要稳住农村这一头，目前最关键的是要有效化解农民失地的潜在风险。随着城镇化进程的加快，主要由政府"土地财政"导致的农村人口被动转移问题值得重视。特别是遇到重大经济波动和公共危机冲击时，这些被动转移进城镇的原农村人口由于劳动就业能力普遍较低，首当其冲会受到影响。如果这些人无法找到返乡的出口，继续留在城市，势必将影响城市社会稳定的局面。因此，在中国的城镇化尚未全面完成之前，还不能急于将进城农村人口的后路完全切断，而是要让农民在城乡之间可进可退，这也是中国乡村治理的显著特色，是我国应对风险挑战的回旋余地和特殊优势。

化解农民失地风险与推动农村土地改革不相矛盾。乡村治理体系现代化主张建立以切实保障农民利益为核心的土地流转机制，充分尊重保障和维护农村人口的土地权利。同时，稳步推动"三块地"探索和改革，逐步建立全国统一的建设用地市场，激活农村的土地要素，制度化地开展农地使用权流转等试点，促进资源的合理和有效配置。在这一过程中，现代化的乡村治理体系充分激活乡村民主，发挥村集体在代表、整合村民利益中的作用，村集体不仅要充分与农民沟通和协调农民的迁移意愿，而且能够代表村民与基层政府对话沟通，真正参与到征地、土地置换等多元主体民主决策的过程中。同时，乡村治理体系现代化强调要以法律法规清晰规定"公共利益"的征地范畴，并同时规定征地补偿价格和补偿方式及纳入社会保障的标准，既充分保证农民利益，又防止土地食利者的不当谋利，以此彰显中国特色社会主义土地制度的公平正义。

（三）化解农村集体经济改革风险

发展农村集体所有制经济，对于壮大乡村产业，保障公共服务供给水平，推动农民走共同富裕之路具有重要意义。但是，长期以来，农村集体经济改革发展滞后，且缺乏对农村集体经济管理的有效监督，使得农村集体所有制经济在运行中积聚了潜在风险。随着城镇化的发展，乡村的人口结构、人地关系等都发生了很大变化，对现有农村集体所有制经济进行改革，以适应乡村社会基础的变化，是当前应当思考和研究的重大问题。特别是在农村产业发展、农村土地改革等大背景下，同步推动农村集体经济改革，对于促进城乡要素的有效流动，切实保障农民利益，使农民公平分享改革发展红利等都具有重要意义。不过，在这一改革过程中，如果缺乏有效的风险防控机制，贸然将集体经济推向市场竞争，也可能会导致集体资产的流失，造成农民利益的损害。"以人民为中心"的乡村治理体系现代化主要从以下三个方面化解农村集体经济改革的风险。

一是在改革过程中，既要注重激发农民的积极性和内生动力，又要确保改革在一定限度内有序推进。首先，要把握农村集体经济改革的价值取向，即坚持促进集体经济的发展和实现农民的持续增收。其次，保障农村土地的集体所有权，牢牢维护农村土地的集体所有权的属性。最后，将农村集体所有制经济改革与农村集体经济组织的成员权制度改革有机衔接起来，吸引优秀人才下乡扎根集体，推动农村产业振兴，带动集体经济发展壮大。

二是化解农村集体经济改革风险，应与加强农村集体资产监管相结合，确保农民财产权利不改虚、不改少、不改没。针对农村集体资产管理过程中出现的集体资产经营低效、经营收益不清、分配不公开、集体成员的收益分配权缺乏保障等风险，现代化乡村治理体系着力改革和完善农村集体资产监管制度：一方面，健全集体资产运营现代激励考核制度，引入现代企业领导人员薪酬管理机制，将集体资产经营状况作为资产管理者的主要考核项，将集体资产的稳健收益与管理者的切身利益相挂钩，激发壮大集体资产的创新行为，有条件的农村集体经济组织还可以聘用职业经理人，吸引更多优秀人才参与集体经济的发展经营，提高集体资产运营效率。另一方面，集体经济组织要及时公开经营状况，充分运用好村民自治平台，贯彻落实民主监督制度，防止集体被内部少数人控制，确保广大农民能够履行民主参与和监督之责。政府要建立健全集体资产的核查和审计机制，及时了解资产变动状况，监督农民各项民主权利的使用情况，对发现的问题予以及时调整和纠正。

三是化解农村集体经济改革风险，还应强化政府的引导作用，实现政府价值与市场价值的协调。要健全风险评估机制、投资保险机制、民主协商和管理机制，设定必要的集体经济投资范围或负面清单，确保改革的循序渐进，逐步培养起具有现代市场竞争能力的集体经济组织。在现阶段，党委和政府要积极创设各类平台，促进国有企业与集体经济组织在经济领域开展深度合作，为集体经济提供低风险、稳收益的投资项目，适当保护集体经济的发育和成熟，让其逐步了解市场、适应市场，发挥其制度优势和保障农民利益的核心功能。

（四）化解农业农村生态风险

我国农村地域辽阔，农业农村生态环境质量直接关系到人民群众的身体健康，也是乡村治理现代化水平的重要体现。但是，在长期城乡二元结构下，农业农村生态环境保护工作严重滞后，积聚了不少生态环境的风险隐患。总体来看，当前乡村的生态环境风险具有复杂性和隐蔽性等特点。一方面，乡村生态环境污染因子比较复杂，既有工业化学制品，如农药、化肥等，对乡村土壤、水源、农作物的污染，还有由于部分农民缺乏环境保护意识造成的生活废水、垃圾等的污染。另一方面，乡村生态环境污染具有隐蔽性的特点，由于乡村地广人稀，不少环境污染现象一时难以显现出来，即使发现了污染现象，又因为不少农田水利基础设施、乡镇企业建设等年代久远，缺乏图纸档案等材料，给污染源头的调查造成许多困难。

值得重视的是，近年来部分农村地区环境恶性事件频发，对这些地区居民的身心健康造成严重威胁，带来了不少负面的社会影响。虽然近年来乡村环境问题已经引起了各地政府的高度关注，但是当前乡村治理存在内在缺陷，不仅无法建立起支撑乡村生态环境持续发展的长效机制，反而加剧了农村生态环境的长期风险。比如，地方政府的治污举措，并没有用在污染的源头和根子上，而是围绕上级的督查和考核，进行着政府控制的形式化、表面化的应对，不利于农村污染风险的彻底解决。现代化的乡村治理体系主张要以主体多元化、动力内生化、过程法治化健全农业农村生态环境风险控制体系，推动我国乡村生态环境质量持续改善，有效化解重大环境风险隐患，守住乡村生态安全底线。

（五）化解农村金融风险

目前，农村金融风险主要在两个方面：一是传统风险，表现为农村金融业务成本高、风险大、信息不对称、收益和风险不匹配，这些因素使农村金融业务的不良率普遍高于其他业务。二是新的风险，主要是各银行在过度竞争与考核压力下，存在向村集体经济和农户过度授信的问题，引发新的债务风险。现代化的乡村治理体系强调要促进农村金融改革与一体化市场的有效衔接，实现资本要素与产业、土地和人口要素通过市场机制协同发力。这就需要规范现有的投融资体制机制，建立多样化的投资服务平台。同时，政府应减少对各银行金融支农的行政化考核和具体扶持项目的微观干预，要将重点置于强化金融风险防范和化解的规范化的制度建构上，应充分注重各地在金融支农制度构建中的差异性和过程性，在宏观上建立健全金融支农的监管体系，规范融资增信功能的运用、金融机构的责任。

（六）化解基层社会稳定风险

中国是世界上自然灾害最严重的国家之一。自然灾害的特点是类型多样、发作频繁、破坏强度大，造成的社会经济损失严重。另外，自20世纪90年代中期以后，农民群体性事件在数量、严重性和影响力等方面都呈上升趋势，政府维稳成本也大幅度上升。在这种情况下，及时有效化解各种乡村公共突发事件可能引发的社会稳定风险是关系改革发展大局的战略问题。当前，由地方政府主导的乡村社会风险化解机制中，应对乡村公共突发事件的方式具有被动性、运动式、非制度化等特征。而且，对各类风险事件的处置也是差异化的，决定处置力度和响应等级的主要是该事件的社会影响力、群众的反应程度和上级政府的问责压力等。虽然这些事件大都能得到平息，但基本上都是依靠政府短时间的资源整合和集中式的运动治理，而且这些举措会中断政府的正常工作，消耗大量的行政资源。一般而言，面对一个社会稳定事件，通常由地方主要官员通过召开推进会、设置工作组、下达死命令的做法强势推动，政府部门不惜一切代价落实命令，用非常规手段解决。这些做法显然是不可持续的，从短期看，这些公共突发事件处理方式中存在大量的法律瑕疵、程序漏洞，并且其财政支出资金大都没有纳入公共预算，未获得人大授权。从长期看，激进的矛盾处理手段，势必带来长期的维稳压力，在乡村社会不断积聚起各种风险隐患。这些风险隐患只是暂时被强制掩盖，一般都会在其后的公共性工程项目，如乡村农田水利建设、土地改革、农村集体经济改革，或者其他突发事件发生时再次集中地被"掀开"来。我国正处于向社会主义现代化强国砥砺前行的关键时期，国内国外的发展环境面临诸多风险挑战和不确定性，发展中出现各类社会风险问题在所难免，这是必然的历史规律，关键是如何通过良好的治理化危为机。

首先，现代化乡村治理体系的理论构建，主张统筹协调发展与稳定的关系，强调要通过制度化来完善社会风险化解机制。具体而言，一是健全制度。要认真研究社会风险事件化解的制度安排，健全各类社会风险事件应对制度体系。制度体系要经过科学论证，并征求社会各界意见，应经人大通过并授权。二是确保制度的执行力。社会稳定风险事件发生后，要及时根据事件情况发布风险等级，并根据制度明确的处置主体、内容、权限、程序进行执行。在制度框架范围内，要充分信任各处置主体，并允许其在制度授权范围内，根据各自职权和实际情况灵活做出应对举措。三是要强化制度保障。不仅要定期对制度体系涉及的相关部门、人员进行培训，提高应急制度的执行能力，而且要在年度财政预算编制中安排公共突发事件风险处置经费，提供充足的财政保障，确保风险化解制度的有效实施，以保证稳定的发展环境。

其次，现代化的乡村治理体系强调信息技术的嵌入，推动数据化乡村的建设，提高化解社会风险的能力和水平。具体而言，一是要完善风险信息监控体系。运用数字化手段，整合市民热线、群众信访、村居信息员、新闻媒体、网络舆情等各类信息渠道，并对这些信息进行计算、处理和可视化，形成各类风险信息评估报告，为地方领导决策提供重要参考依据。二是要优化风险信息评估体制机制。政府要建立统一的风险信息评估网络，依托大数据、人工智能、云计算等技术进行动态评估，对各类潜在风险进行判断和等级评定。根据风险等级程度，按照管理权限与处置预案，及时应对各类风险，明确处置主体，并赋予相应权力和责任。三是要完善各类公共事件风险信息公开提示机制。应对各类风险的传统习惯做法是尽可能地封锁消息，担心造成社会面的恐慌。但是，事实证明，这种压抑社会公众知情权的做法，不仅会加重对公众利益的损害，而且也会影响政府的公信力，民众会由于缺乏足够的信息而被谣言所累。因此，发挥信息技术的传播力，由权威部门向社会及时传递风险警示，不仅是对民众个人知情权的保障，也可以引导社会各方面多元共治，依托社会力量增强风险治理的效益。

第五章　多维视角下乡村可持续发展路径

第一节　积极促进乡村旅游的可持续发展

一、乡村旅游的基础知识

乡村旅游最先在西方国家兴起，并且走过了漫长的发展历程，西方学者就乡村旅游的概念进行过大量讨论，但目前并未得出统一的结论，我国学者对乡村旅游概念的研究情况也类似。了解乡村旅游的概念和内涵，对理解乡村旅游的未来和走向具有重要的意义。

（一）乡村旅游的重要性分析

不可否认，乡村旅游能在一定程度上推动农村经济的发展，但是我们不能将其视为经济手段，从本质上来说，乡村旅游是为构建乡村理想家园服务的，它应当是建设新农村的一种文化手段。乡村旅游的动力模型指出，乡村文化是发展乡村旅游的原动力，乡村文化要从整体文化意象上区别于城市文化，这就要求组成乡村文化意象的每个元素，都要具有乡村文化的内涵和特点，乡村旅游的生命力也来源于此。

乡村旅游的重要性体现在以下方面。

第一，有助于城市带动乡村。乡村旅游可以促进城乡之间的互动，有利于城乡统筹发展。通过乡村旅游这个途径，来自城市的游客会在潜移默化中把城市的政治、经济、文化、意识等信息带到农村，农民也在与游客的交流中自然地接收到了现代化的意识观念和生活习俗，农民素质也因此得到提高。

第二，有助于国民经济的增长。乡村旅游现实和潜在的消费需求都非常旺盛，不仅符合城镇居民回归自然的消费心理，而且有利于开拓农民眼界。农村地区是旅游资源富集区，乡村旅游业的发展极大地丰富了旅游产业的供给体系，将成为中国旅游产业的主要支撑。

第三，有助于发挥地区的特色。乡村的优势和特色是其独有的景观和不可替代的资源。就算是同样的乡村地域景观和资源，当出现在不同的区域时，也会衍生出不同的自然特点和文化传统，发展乡村旅游的客观基础就是这些区域呈现出的相对优势和特色。合理的农村产业结构要在市场结构的基础上形成合理的地域分工，充分发挥各地的优势和特色，从而促进地域经济系统良好运行。产业结构是在自然条件、社会经济条件以及市场条件相结合的基础上形成的，讲求因地制宜。各地乡村的农村产业结构各不相同，都是根据自身发展条件形成的，这是因为各地在自然环境、资源条件、劳动力状况、基础设施等方面具有显著差异。产业化经营基地和丰富的人造景观也是乡村旅游的特色之一。我国中部地区是粮棉油的主要产区，这一地区人口众多，有丰富的耕地资源，加之适宜的气候条件，各种类型的种植业、养殖业都发展得很好，同时，这些专业化的农业产区也有丰富的乡村旅游资源，各具特色和优势。

（二）乡村旅游的六大要素

乡村旅游是适应当今社会经济发展的需要和城市居民自发萌生的旅游需求而起步、发展并壮大起来的。从食、住、行、游、购、娱六大要素来概括旅游业。

第一，乡村旅游要"吃农家饭"。在节假日或周末到乡村品尝农家菜，换换口味，是很多城里人选择乡村旅游时的首要考虑因素。无论是农民自种自养的时蔬瓜果、家禽牲畜，还是打鱼狩猎而来的江湖海鲜、山珍野味，对吃惯了精细菜肴、厌倦了酒席盛宴的城里人都具有极大的吸引力。餐饮服务是乡村旅游的重要组成部分，也是乡村旅游收入的重要来源之一。

第二，乡村旅游要"住农家屋"。乡村农户的居住条件虽然在硬件设施上不能与城市里的公寓高楼或星级酒店相媲美，但前者却拥有后者无法望其项背的自然环境优势。田园山水、干净卫生、舒适安全的居住环境，能极大缓解都市人终日紧绷的神经，令他们身心放松、压力顿消。农家住宿也是吸引城里人到乡村旅游的重要原因之一。

第三，乡村旅游要"干农家活"。形式多样、丰富多彩的乡村生活，提高了游客的参与性和积极性，一系列的互动，不仅让人增长见识、开阔视野，还让人锻炼身体、陶冶性情。乡村农户自力更生、自给自足的生活劳动方式对城市人也有着不小的吸引力，如田间耕种、果园采摘、钓鱼织网等。

第四，乡村旅游要"享农家乐"。主要包括上面提到的干农家活，即乡村的生产劳动，还有乡村民间世代相传、延续成风的民俗活动，包括祝寿、嫁娶、岁时节庆等，各有鲜明特色，令人印象深刻。对游客最有吸引力的是各种传统文化艺术的"活化石"——文娱表演，如放风筝、划龙舟、唱山歌、赶庙会等。这些文娱表演，集表演性、观赏性、游客参与性于一身，种类繁多，生动有趣，让游客在欣赏和参与的同时，了解乡土民间千百年来积淀而成的深厚博大的文化传统，意义深远。作为旅游活动最重要的一个因素——游览与游玩活动才是能留住游客进行乡村旅游的根本原因。农家乐就是要提供给游客花样百出、不断创新的活动项目，尽量延长游客的逗留时间，真正让他们乐而忘返。

第五，乡村旅游要"购农家物"。乡村旅游商品富有民族风情，乡土气息浓郁，具有绿色环保、生态健康和文化底蕴深厚等特点，无论是草鸡蛋、野山菌等绿色食品，还是石雕、木刻、竹制品等民间工艺品，以及手工制作的刺绣、编织、印染等，对平时只能购买流水线生产的千篇一律的工业化产品的城市人来说，都具有强烈的吸引力。旅游购物是整个旅游活动的延伸。

目前乡村旅游购物处于起步阶段，前景很好。乡村旅游是一种以营利为目的的综合性休闲度假旅游活动方式，产生于传统的观光旅游向休闲旅游过渡的过程中，乡村旅游集餐饮、住宿、游览、参与、体验、娱乐、购物等活动方式于一体，既能放松身心，又能陶冶性情。乡村旅游的基本接待和经营单位是每一个农民家庭。农村的环境资源和农民生活劳动是乡村旅游的特色所在，每一个来到乡村旅游的人都能充分感受乡村自然的生态环境、现代的农业文明、浓郁的民俗风情以及淳朴的乡土文化。

（三）乡村旅游的主要特点

乡村旅游对旅游者的吸引力主要体现在乡村特有的自然景观和极具特色的人文景观上，乡村旅游是以农村地区的美丽风光、自然环境、特色建筑和乡土文化等资源为依托，不局限于农村休闲观光和农业体验的旅游模式，积极开发会务度假、休闲娱乐等项目而产生的一种新兴旅游方式。相较于其他旅游，乡村旅游的核心竞争力体现在其核心特点上。

1.益贫性

当前我国扶贫工作已基本完成，旅游覆盖面广、关联度高、具有"1+2+3"的叠加效应与"1×2×3"的乘数效应，能有效促进农村二三产业融合，改善农村公共基础设施建设和优化公共服务；带动当地居民就业，是农村经济增长的新引擎；释放乡村旅游的富民效能，有助于缩小城乡差距，加快城乡建设一体化步伐。乡村旅游的目的地为广袤的乡村地区，而这也正是我国贫困多发地带。

2.可持续

乡村旅游具有显著的社会效益、经济效益和生态效益，有利于促进人与自然、社会的和谐相处。乡村旅游"三生（生产、生活、生态）一体"，既能保证农业生产功能，又能使经济效益显著提高，因此是一种可持续旅游。尤其是近年来流行的休闲农业，依托于乡村原生资源，对其加以整合开发利用，将农业传统生产功能延伸到观光、休闲、采摘、加工等产业链条，特别是采摘项目为农户带来可观、持续而稳定的收入，同时还节省了人力成本以及农产品运输、存贮、销售成本，成本低、投入少、见效快。

3.乡土性

现代社会的生活节奏不断加快，都市工作和生活常常带给人们各种压力，乡村成了休闲恬静的世外桃源。乡村以其优美的自然田园风物和特色的传统风俗民情，带给人们不同于城市的生活体验。乡村也有着不同于城市的生活饮食习惯，能让来自都市的疲惫的游客获得短暂的放松，重新获得轻松与愉悦。返璞归真、重返自然是根植在我国民族精神深处的向往，古来就有归园田居的颂歌。乡村以其优美惬意的风光和家常温暖的菜肴吸引人们到来，并且给人们提供放松和休息的空间。

可以说，乡村性是乡村旅游的根本特性，是乡村有别于城市的地方，也是乡村能从城市地区吸引到游客的主要原因。乡村如果丧失了乡村性，那么在乡村旅游的发展中也就丧失了竞争力。乡村富有特色的传统生活方式，各种农业劳作器具和农村生活体验等，吸引着城市游客的注意力，带给他们旅游的新奇感和愉悦感。人们来到乡村，可以享受乡村的慢生活，品尝乡村烧烤，坐在夜空下看星星，在充满田园风情的景物中游览，深入乡村、了解乡村，并获得乡村旅游的快乐。

4.费用低

旅游在很多时候都被认为是一项高消费的活动，但是乡村旅游有别于其他旅游，以其低消费的特点吸引着大量中低收入水平的游客。乡村旅游消费较低的一个原因是，旅游经营者多为当地的农民，他们依靠现有的资源服务游客，没有太大的前期资金投入，也没有很高的成本费用，乡村旅游的开发成本降了下来，乡村旅游的消费水平相应地也较为低廉。

5.景观丰富

有比较丰富的传统旅游吸引物的乡村地区，其旅游开发主要表现为对于土地的利用和市场的开拓。乡村旅游向游客展示的是历经千年积淀并传承至今的生态文明和农耕文明，乡村的一草一木无不具有鲜明的地方特色和民族特色，以及浓厚的乡土气息。乡村的自然风光清新质朴，乡村的风土人情独具魅力，乡村还有风味独特的菜肴、古朴的村落民居、原始的劳作形态、传统的手工制作。这些"古、始、真、土"的景观特质是乡村特有的资源禀赋，吸引城市居民到乡村开展丰富多元的旅游活动，如风光摄影、古镇怀远、秘境探险等。

6.时空多样

乡村地区的景物风光在不同的季节表现出不同的形式，而不同地区的也有不同的乡村风物。因此多样的时空是乡村旅游资源的一个显著特征，主要表现为季节的差异和地域的差异。地区的自然气候条件、地形地貌条件等影响着乡村地区人们的生活和发展，形成不同的风俗习惯，因而不同地区旅游资源有显著的差异。尤其是我国南方地区的乡村和北方地区的乡村，东部地区的乡村和西部地区的乡村皆存在很大的差异。

季节差异也是影响乡村旅游的重要因素，乡村旅游的开展在很大程度上依赖于自然植物和农作物等的情况，依赖乡村地区的气候和环境，这些因素在不同的时间有不同的表现。因此，随着季节的变化，乡村地区的旅游资源也呈现出不同的面貌。春有春花，夏有绿荫，乡村在一年四季都呈现不同的形态，乡村景物的四季变化带来了不同的风光，也带来各种应季的食物和特产，但是乡村旅游常常存在着明显的淡季和旺季，这导致了乡村资源的空置和乡村居民收入的季节不稳定性。

7.参与和体验

乡村旅游在旅游方式上与城市旅游有很大的区别，城市旅游往往是偏向纯观光的旅游方式，而乡村旅游可以让游客拥有参与感。游客来到乡村以后，不仅能欣赏到美丽的自然田园风光，还能参与一些具体的农家活动，去体验一番劳动的乐趣。比如在农家乐中，游客可以体验到最原始的制茶工艺，可以亲自参与采茶、炒茶、泡茶的全过程，或是到田地里参与农耕，亲手采摘瓜果蔬菜等；如果是在渔家乐中，游客还可以参与垂钓、划船等活动。来到乡村旅游的人不再是纯粹来欣赏风景的观光客，而是能亲自走到田间地头去感受最淳朴的乡土风情的参与者，可以体验最真实的农家生活。

　　乡村旅游的体验性特征是许多游客被吸引来的原因。乡村旅游不仅包括观光游览活动，还包括娱乐、健身等体验性旅游活动，既能让游客观赏到优美的田园风光，又能满足其参与的欲望，使游客在农耕农忙中获得全新的生活体验。乡村旅游内容广博，集观光游览、康养保健、休闲度假、寻根访祖、科普研学、民俗体验于一体，满足了当前旅游消费结构的多元化、个性化需求。在观光农园时，游客可以参与农业生产的全过程，在果农的指导下，进行施肥、灌溉、除草、剪枝、套袋、采摘等务农体验，也能上山采果挖笋，下海捕鱼捞虾，学习当地传统食物（如酿酒）、传统工艺（如剪纸）的制作技术，以此更好地深入体验乡村农户生活，了解农村真实生活状态，融入当地乡情民意，而不是作为一个纯粹欣赏风景的匆匆过客。一些节庆赛事也能强化游客的实际旅游体验效果，如河北赵县梨花节、河北满城草莓采摘节集观光摄影、采摘购物于一体；体育类活动如河北环衡水湖国际马拉松赛；美食类节庆如山东青岛国际啤酒节，以及艺术类活动如河北涞水野三坡国际音乐节等旅游景点赛事活动，融合了体育、美食、文化、艺术与参与体验等内容，依托当地原生乡土资源举办活动，既能招来游客，又能带动当地经济增长。长期生活在城市里的群体是乡村旅游的主要参与者，这个群体中有一部分属于城市的原住民，乡村生活对他们来说是完全陌生的，从而对乡村产生了好奇和向往；另一部分人原本就来自乡村，但是他们远离熟悉的乡村生活太久了，乡村旅游是一个契机，他们试图借此机会去找回那段深埋心底的珍贵回忆。基于这样的背景，游客对乡村旅游的体验性自然会特别在意，因为这段旅程能让他们获得全新或曾经熟悉的生活体验。

8.城市为依托

乡村只会对城市形成吸引力，由于乡村的自然生活和生产形态，乡村旅游只能以休闲为主，而乡村观光的素材也远远不如自然或人文景观，甚至也没有城市建筑景观丰富。乡村较难吸引远距离的游客，所以区域内的人群才是乡村旅游的主要客源。浓厚的乡土气息是乡村旅游的特色之一，所以乡村旅游对原本就生活在农村的人来说，是没有吸引力的。相反，对那些终日被钢筋水泥包围的城市居民来说，他们对高度商业化的都市已经产生了厌倦，巨大的工作压力和混浊的空气让他们想逃离城市，这些因素叠加在一起，让他们对乡村旅游满怀憧憬和期待。

（四）乡村旅游的功能体现

乡村旅游的功能体现在以下方面。

1.审美享受

乡村地区的自然风光使人心旷神怡，具有很高的自然审美价值，田园生活是很多都市中人的梦想，而归园田趣是我国流传久远的传统意趣。乡村有着清新无污染的空气，有着生态绿色的蔬菜瓜果，有着别样的农村田园生活。长期生活在城市中的人们，生活繁忙，居住在缺少田野和天空的地方，呼吸着雾霾和混浊的空气，当他们来到乡村，会有一种非常愉悦的感受，这就是乡村的审美功能。

2.缓解压力

乡村旅游的一大特色是休闲，乡村生活有着不同于城市生活的慢节奏，人们日出而作，日落而息，沿袭传统的吃穿住行习惯，体验乡村生活是都市中人释放生活和工作压力的一个方式。旅游者到达乡村后，放下沉重的负担，遗忘生活的烦恼，释放心中的压力与不愉快。乡村是缓解压力的好去处。

3.教育体验

随着城市化不断发展，很多孩子从出生以来就生活在城市中，对土地和农作物十分陌生。很多家庭常常带着孩子去乡村地区旅游，以便在旅游的过程中，教会孩子关于农业生产和大自然的知识。孩子可以通过参与农业游戏了解关于农业生产的秘密，还可以在愉悦的乡村游玩过程中学习到关于自然的知识。

4.扶贫致富

以乡村旅游的发展带动乡村地区的发展，将城市的资源向乡村地区引流，让城市发展带动乡村发展，从而提高乡村地区的经济水平和乡村居民的收入水平，是我国发展乡村旅游的重要意图。随着乡村旅游的开展，大量的流动人口涌向乡村地区，他们有很大的消费潜力，因此很多资本看到商机也涌向乡村地区，进而推动乡村地区的发展。乡村地区的产业发展和基础设施建设又为乡村居民提供了大量的就业机会，乡村居民有了实现自身价值的地方，并且获得了劳动报酬，这一系列的产业发展改变着乡村地区的经济面貌，提高了乡村地区居民的生活水平，从而使其摆脱贫困，走向富裕。

5.改变乡貌

造成乡村地区落后面貌的一个重大因素就是乡村地区居民受教育水平低，思想观念较为落后，但随着乡村旅游的发展，大量城市居民涌入乡村地区，带来了新的思想和观念，冲击着乡村地区的居民，开阔了他们的视野，更新他们的思想观念。乡村的生态环境得以改善、社区居民的精神面貌、乡风文明等得以改观。

6.文化传承

在中国的城市化进程中，比较显著的一个特点就是，城市都是千篇一律的发展模式，但是乡村地区却保留着很多传统要素，保留着民族古老的生活、生产习惯，以及建筑聚落、民俗节日灯光。可以说，乡村地区是民族文化的一个保留地，因此都市中人可以通过乡村旅游了解到城市中那些湮灭的文化，了解到民族传统久远的古老特色风物。

二、实现乡村旅游可持续发展的目标

可持续发展的乡村旅游，应当是一种生态合理、经济可行、社会适宜的旅游活动，是一种高效低耗、无公害的旅游活动。改变传统的发展观念，杜绝短期行为，是实施乡村旅游可持续发展的关键所在。对乡村旅游来说，其可持续发展要求在时间尺度上既要满足当代人旅游与旅游开发的需要，又不能危害后代人满足自身旅游需要的能力。在空间尺度上，要提高旅游者的旅游质量和当地居民的生活质量，维护乡村旅游发展的持续性，并与周边区域和谐共处、资源共享。在开发广度上，要协调乡村"独特性"与旅游开发，环境保护和旅游开发之间的矛盾，注重乡村资源、经济、文化、社会、环境的协调发展。所以，乡村旅游可持续发展的目标可以归结为生态平衡、文化平衡、经济平衡、相对公平四个方面。

（一）生态平衡

旅游开发对旅游资源的破坏或保护都是至关重要的，全面考虑旅游资源本身的特色、旅游容量、旅游资源的可持续利用、有利于保持自然生态平衡的旅游活动开展模式等，都是旅游开发之初需要特别关注的问题。同时，我国乡村居民和游客的生态环境意识普遍不强，当地居民为谋短期利益开山采石卖树，甚至售卖珍稀动植物；游客心里也只想着本人到此一游而已，何况生态环境的保护自然有"专人"负责。所以，乡村自然生态的可持续发展，还有赖于面向乡村居民和广大游客的宣传教育，这样在旅游开发和旅游活动开展过程中都能保证自然生态的平衡，生态破坏问题基本上能得到控制。

（二）文化平衡

随着乡村旅游产业化的深入发展，乡村地区和外界的经济、文化交往趋向常态化，现代文明和外来文化日趋渗透到乡村地区生产与生活的方方面面，乡村传统文化遗产在全球化浪潮的冲击下面临前所未有的挑战，越来越多的乡村文化遗产在现代文明中日益衰败、濒危甚至消亡。现代工业文明正在快速侵蚀和瓦解传统农耕时代的生产方式和文化形态，生产和使用群体不断减少，民族文化生长的土壤日益贫瘠，少数民族传统文化的生态空间日趋萎缩，有效传承民族传统文化的文化生态环境日益恶化，民族传统文化的生存和传承受到严峻的挑战。例如依靠口传心授、言传身教和集体展演为主要传承方式的侗族大歌，是农人干完一天的农活后聚在一起的交往和休闲方式，其生命力在于不可断裂的代代相传和人心所向的民间习俗，一旦失去有文化认同感的传人和唱歌互动的民风，在十几年时间里就可能烟消云散。而现在不少侗族青年对自己传统民族音乐的兴趣渐消，侗族大歌已经面临严峻的挑战。

乡村传统文化还可能产生仆从现象，传统文化个性将被削弱，文化功能将被减退。如在恭城瑶族自治县开展"农家乐"旅游的某村，有外来人员租用该村村民的房子进行非法色情活动。有的竟然还是房东专门从外地"请"来的，一方面由于村民偿还"贷款"的压力，希望用额外的"服务"吸引游客，另一方面部分游客自身素质不高。但是绝大部分村民屈从于经济利益是不争的事实，扰乱了当地原本淳朴的乡风民俗，令人非常惋惜又值得深思。

乡村旅游发展使乡村传统文化正面临文化价值被商业价值所取代和过度商品化的危险，乡村文化产品现代商业形式包装化、民俗风情娱乐化、宗教艺术舞台化等，虽然能在短期内吸引游客，获得巨大经济效益，但践踏了传统文化原有的真实性和文化内涵，扭曲了传统文化，使其简单化、俗套化和功利化，使民族传统文化变成了一种纯粹的商业谋利行为，不利于乡村旅游业的可持续发展。由于旅游者的素质参差不齐，他们在旅游过程中经常出于猎奇、求乐的心态，偏好以感性、刺激、轻松、娱乐的目的看待旅游目的地的文化，这种倾向极易使民族传统文化庸俗化，主要表现为传统文化旅游项目的雷同开发、优劣不分、伪造民俗等现象。某些旅游地缺乏有甄别性的产品开发，误将乡村文化的糟粕与精华一同开发，丑化、歪曲、篡改乡村传统文化，既不能展示乡村传统文化的特质，又致使乡村传统文化原有内涵和存在价值扭曲或消失，也贬低了民族传统文化在当地居民心中的地位和价值。

（三）经济平衡

乡村旅游开发符合了旅游者的精神审美观念与对文化品质的要求，具有较强的文化价值、经济价值和社会价值。乡村文化具有独特的地域和民族特色，动态的历史、文化、经济、科技等多层价值，是极具开发潜力的文化资源，应与乡村地区的景观和其他物质文化一起开发，给消费者提供高质量、高品位的文化大餐。乡村文化的理想开发与保护路径是让文化融入经济活动的脉络中，助推民族地区的经济发展，让经济行为反映或折射出文化的影响，并为文化的传承铺路。

一些地方的村民与开发商关系恶化。在一些古村落，甚至有村民抗议旅游业的发展，阻碍了古村落旅游的正常发展，还有一些旅行社凭借客源垄断地位和市场化运作的经验，在利益分配中起到了决定性作用，并借此获得了超额垄断利润。而利益受到损害的乡村旅游地、农家旅馆等相关经营主体，采取了拒团、宰客、降低服务标准、减少服务项目的措施，把损失转嫁到游客身上，乡村旅游项目的市场信誉因此受到了严重破坏。所以，要实现乡村旅游经济的可持续发展，必须实现各利益相关者之间的均衡。因此，乡村文化的保护与开发，要在尊重文化多样性，确保文化的内在价值能够延续和传承的前提下，将保护乡村文化与市场开发结合起来，寻求文化传承和商业发展需要的最佳平衡点，凸显自身的经济价值，科学设计出丰富多彩的精神文化产品，打造文化品牌，形成文化遗产的产业化经营和规模效应，让世界了解民族传统文化，让民族的价值观、思想观和人生观得到世界人民的理解和尊重，使民族精神得到延续，民族文化得到传播和认同，实现文化传承的与时俱进，使民族传统文化走向世界。

（四）相对公平

旅游开发应该是一个持续发挥效益的过程。乡村旅游开发以转变观念为先导，以乡民参与为基础，转换主客位观念，真正确立乡村居民在乡村文化保护与传承中的主体地位。旅游地居民丧失了自主权，是乡村文化在旅游开发中受到戕害乃至消失的主要原因。应在确保旅游开发满足当前需要的同时，保证乡村文化的原真性，立足长远永续发展，以确保乡村拥有旅游目的地的长久魅力，实现乡村旅游资源的可持续利用。离开了哺育乡村文化成长的土壤，乡村文化就会失去赖以生长的根，其展示就会失去原生文化空间的生存根基。一方面，乡村旅游应该建立科学合理的旅游收益分配制度，优先保证当地居民的应得利益，使普通民众成为旅游开发的参与者和受益者，使当地民众从旅游发展中直接获利，使子孙后代能够持续享受旅游开发的机会和旅游发展的成果，从而激发起原住民传承和保护乡村文化的意识和动力，提高乡村文化生命力和创造力。另一方面，要大力发展乡村文化教育，提高当地居民的文化素养和鉴别能力，这是乡村文化传承发展的根本。所以，从社会阶层公平的意义上说，乡民同样应该成为乡村旅游客源市场主体的一部分，这是乡村旅游发展要达到的必然目标之一。

三、振兴乡村旅游可持续发展的手段

（一）发展乡村教育，提高乡民的文化素养和审美鉴别能力

在乡村旅游发展的过程中，强势文化对弱势文化的冲击是不可避免的，旅游开发中出现的主客双方不对等现象、"飞地"现象和"新

殖民主义"现象，都源于乡村落后的文化教育。大力发展乡村教育，提高当地居民的文化素养和鉴别能力是乡村文化传承发展的根本。旅游客源地和旅游目的地之间主客双方的交往与相互作用存在非均衡关系，乡村文化受到的各种戕害，源于乡村文化教育发展的落后。通过发展教育，培养原居民的民主观念和主人翁意识，培养其保护与传承乡村文化的自觉意识，提高其文化素养和审美鉴别能力，提高其保护与科学开发乡村的自我传承能力，实现乡村旅游的人本化，保证乡村旅游的可持续发展。

（二）发展乡村经济，构建农业循环经济产业链

"旅游脱贫""旅游拉动相关产业的发展""旅游拉动内需"是乡村社区发展旅游业的目标之一，乡村旅游一直被看作乡村经济甚至文化及城乡一体化发展的"万能药"，从而受到推崇。Walmsley说乡村旅游开发并不一定是农村社区经济的灵丹妙药，要考虑"赢"了什么？"失去"了什么？乡村旅游的发展要将乡村经济支柱产业的健康发展作为强大经济后盾。乡村的经济支柱产业是农、林、牧和农副产品加工工业。要实现乡村经济的健康快速发展，就要构建科学的以粮食及其他农副产品龙头加工企业为依托的农业循环经济产业链；以畜牧、水产生产加工企业为依托的畜牧、水产加工循环经济链条；以秸秆综合利用为重点的秸秆循环经济链条，大力发展绿色、有机、无公害原料，加工企业要采取先进节能、无污染技术来改造传统工艺，提高企业的经济效益；以林业及其加工业为依托的林业循环经济链条。

（三）发展乡村旅游，构建理想的旅游环境

乡村旅游的长远目标是建设发达的田园化乡村，构建理想的人

居环境和生命栖息地，构筑和谐的旅游环境。旅游环境既面向城市居民，也面向乡村居民，不仅使乡村居民获得经济收益，更使城市居民获得现代旅游的精神满足。在构建人居环境和旅游环境的过程中，旅游开发需要制定科学的旅游规划，对核心资源重点进行开发，对不同需求层次分别开发。同时，加强对旅游者的教育，端正其旅游心态，树立科学的旅游观，树立控制和优化"大旅游"的系统旅游观，要加强乡村旅游伦理教育，树立基于生态链的遵循"3R"（Reduce 减量化、Reuse 再利用、Recycle 再循环）原则的旅游生产发展观，提倡文明化、减量化和无害化绿色旅游消费观。面对"旅游示范效应"所带来的各种文化冲击，乡村基层组织和人民要保持头脑清醒、提高警惕，取其精华、去其糟粕，提高乡村文化的整体抵抗力，要在保持乡村特色与精髓的基础上，积极学习外来文化，使乡村文化得到保护、传承和发扬光大，并逐步营造起一个以人为本、尊重乡土文化、尊重乡土自然、包容差异的旅游新环境，进而促进乡村旅游向健康、稳定、繁荣和可持续的方向发展，实现乡村旅游的规范化、生态化及和谐化。

第二节　推动乡村特色产业的可持续发展

一、发掘特色资源，打造专属产业

特色就是只为自己所有，别人没有。要想形成本土优势，就要发挥当地特色。打造当地特色产业是实现乡村经济振兴的重中之重。打造乡村特色产业的第一步就是要找到重点目标。一个乡村的产业可能不止一种，要有独到的眼力找到能重点发展的产业。在选择目标产业的时候要结合国家政策，选择国家重点扶持的项目，通过资源合作创造出属于自己的特色产业。除此之外，还要看文化要素，文化作为一种精神力量，能够在人们认识世界、改造世界的过程中转化为物质力量。换句话说，文化能够促进经济的发展，只有创造出属于自己乡村的特色文化，才能孕育出独一无二的竞争力。文化是时间的沉淀，无法被轻易仿去，由此品牌也有了强大的文化后盾，继而减少了市场上其他产品的威胁，最终实现经济振兴大目标。

二、加强品牌建设，加大品牌宣传

成功挖掘出产品的核心竞争力、核心价值，完成对品牌的初步打造。在价值挖掘方面可以注重阐述品牌背后的人文底蕴、乡土风情，以此为突破点，打造独具特色的品牌。

初步打造品牌后，还要对其加以宣传。采用现代化的宣传手段扩大品牌的影响力。比如选取几个人流量集中的地段摆放宣传广告牌，还要附上二维码或者官方网站链接以供客户进一步了解产品。结合现代社交平台和推广软件，开设直播通道，让更多的客户了解、认知本土品牌，形成强大的品牌效应。

三、提升产业现代化，加大创新力度

产业想要健康快速发展，创新必不可少，所以要加快科技创新的步伐，不管在哪里，创新都是产业的根本，只有创新才有出路。加快产业现代化进程，首先，要提高资金利用率，优化产业规模，提高生产要素的质量，生产优质产品。其次，保障产品流通顺畅，规范乡村市场，推动土地经营权有序流转，发展乡村产业适度规模经营。最后，推进乡村金融体系发展，完善信贷制度，让群众能获得资金支持。

四、促进产业融合发展，加强基础设施建设

要想促进产业的融合，最重要的一步还是要优化产业链。原先的产业链太短，各个环节没有连接，所以要把产业链延长，保证各个环节的连贯性。让各个环节能从低附加值转换成高附加值，提高产品的内在价值，最后把产业链整合好，增强市场竞争力。

除此之外，完善基础设施建设也是至关重要的，如果基础设施都不完善，也不可能凭空造楼，产业也发展不起来，长此以往就会制约乡村的发展。比如完善乡村公路建设，这样才能引进大批物资，也能增加外来人力、物力的注入。另外乡村的物流也要加强，充分辐射乡镇，使互联网能够完全进入乡村，加速产业融合。还要完善乡村产业专业化服务，尤其是加大农村科技服务平台建设，从而提高农业生产性服务的交易效率，提升产业融合质量。

第三节 生态建筑应用于生态乡村构建

一、生态建筑的基本内涵

生态建筑，作为一种新兴的建筑理念，其诞生与发展受生态学原则与建筑学理论的共同影响。它不仅融合了规划与景观设计的精髓，

更在功能主义视角下，将人类居住的舒适性提升到了新的高度。

从功能层面来看，生态建筑的首要任务是确保居住者的生活品质。这包括但不限于提供适宜的温度和湿度、充足的自然光照、优质的通风条件，以及使用无辐射、环保的室内装修材料。例如，在某些先进的生态住宅中，通过巧妙的建筑设计，即使在没有空调的情况下，也能在炎炎夏日保持室内凉爽，这得益于高效的自然通风和恰当的遮阳设计。

节能减排是生态建筑的另一大核心理念。随着全球气候变化问题日益严峻，建筑作为能源消耗和碳排放的大户，其环保责任不容忽视。生态建筑致力于减少对环境的负面影响，如减少有害气体、二氧化碳及固体废弃物的排放。过度的碳排放不仅加剧了全球温室效应，还可能导致极端气候事件的频发，如"厄尔尼诺"和"拉尼娜"现象，这些现象已造成了全球多地旱涝不均、气温异常等环境问题。因此，生态建筑不仅是一个理论上的概念，而且是应对当前环境挑战、实现可持续发展的切实举措。

在推动能源结构转型和利用技术升级的大背景下，生态建筑正成为新能源技术应用的前沿阵地。以太阳能、风能等可再生能源在建筑中的集成应用为例，这些技术的推广不仅有助于降低建筑能耗，还为突破能源管理和技术利用的瓶颈提供了新的可能。随着全球"双碳"[①]目标的持续推进，节能减排已成为社会各界的共同使命。在这一趋势下，居住建筑必须不断提高能源利用效率和管理水平，而生态建筑正是实现这一目标的重要途径。

---

① 双碳，即碳达峰与碳中和的简称。2020 年 9 月中国明确提出 2030 年"碳达峰"与 2060 年"碳中和"目标。

二、生态建筑在构建生态乡村中的应用潜力与可行性探索

（一）生态乡村建设中生态建筑理念的融入与实践

生态建筑，作为一种综合性的工程，涉及多个学科领域，其全面而有效的实施在当前生产力水平下确实面临诸多挑战。尤其在乡村地区，全面推广生态建筑的理念似乎仍有一段距离。然而，通过选取特定方面作为切入点，结合地区实际情况，我们可以在乡村试点项目中逐步融入生态建筑的理念。

在生态建筑的实践中，生态材料和生态能源是两个核心要素。生态材料代表了建筑在建造过程中的环保特性，而生态能源则保障了建筑在使用过程中的可持续性。通过关注这两个方面，我们可以更具体地探讨生态建筑在乡村建设中的应用。

（二）轻钢结构：乡村生态建筑的创新选择

从建筑构造的角度来看，轻型钢结构为乡村建筑提供了一种创新且环保的解决方案。传统的建筑材料往往只关注使用性能和成本，却忽视了其生产、使用和废弃过程中对环境的影响。相比之下，轻型钢结构不仅能满足现代乡村居民对美观和舒适度的需求，更在环保方面具有显著优势。

轻型钢结构建筑易于实现绿色施工，符合"四节一环保"的原则，即节地、节能、节材、节水和环境保护。此外，其材料的高回收率大大减少了资源浪费，即便在未来需要拆除或重建时，也能减少对环境的负担。轻型钢结构的保温、抗震、防潮等性能也明显优于传统建材，完全符合现代居住建筑的核心要求。尽管其维护成本相对较

高，但随着经济的发展和技术的进步，这一问题有望逐渐得到解决。因此，可以预见，轻型钢结构建筑在未来乡村建设中将占据重要地位，甚至有可能逐步取代传统的砖混结构建筑。

（三）生态建筑中的能源利用与产能策略

在生态建筑的能源利用方面，如何高效、环保地产生和储存能源是确保建筑持续发挥生态效益的关键。生态能源，如清洁能源（太阳能、风能等）、高效环保节能产品等，为建筑提供了可持续的动力来源。其中，太阳能作为目前应用广泛且技术成熟的能源之一，其在生态建筑中的应用尤为重要。

通过合理铺设太阳能集热器，我们可以在不占用额外土地的情况下，为建筑提供稳定的热量来源。这种等效替代的方式不仅能减少对传统能源的依赖，还能有效减少碳排放，从而实现建筑的生态化。在未来的乡村生态建筑建设中，我们应充分考虑并利用这些可再生能源，以推动乡村建设的可持续发展。

三、对生态建筑及生态乡村的发展愿景

（一）我国乡村生态建设的提升空间

当前，相较于美欧等地的发达国家，我国在生态建筑及生态乡村的建设方面仍存在显著差距。这些差距主要体现在起步较晚、地区间发展不均衡、资金投入不足、成本回收周期长以及理论体系尚未完善等诸多方面。然而，在认识到这些不足的同时，我们更应致力于充分利用并改善现有的物质与人文条件，力求减少甚至消除这些不利因素。

21世纪是追求可持续发展的时代，生态建筑与生态乡村的理论和实践在这一时代背景下得以迅速推进。我们应当积极主动地将这些理论原则转化为实践，通过实践不断总结经验，进而完善学科理论体系。建筑学与规划学作为实践性很强的学科，唯有通过实际项目的落地，才能积累更多的建设经验，并不断丰富和发展学科理论知识，最终实现理论与实践的良性循环和共同进步。

（二）我国乡村生态建设的显著成果

随着乡村振兴战略的深入实施，我国各地纷纷展开对生态新农村建设的探索和尝试，并已取得初步成效。许多乡村地区遵循"小规模、组团式、微田园、生态化"的建设模式，通过优化村落空间布局，加速推进农村基础设施建设，以及大力整治农村人居环境，特别是深入推进农村生活垃圾、污水和厕所的"三大革命"，以及实施"绿化邻水行动"，形成了一个又一个生态乡村的崭新面貌。在此基础上，若能进一步推广生态建筑的应用，将对生态乡村的整体格局提升和人居环境改善产生深远的积极影响。

要实现这一目标，我们需要从宏观角度全面把握乡村的整体形势，制定全局性的规划方案。同时，我们还需要一套以人为本、注重可持续性的建筑原则来支撑乡村振兴战略的落地。这将有助于我们逐步打造一个既能欣赏到山水之美又能留住乡愁记忆的美丽田园乡村。

综上所述，乡村的魅力源于其生态之美，保护乡村生态至关重要。生态建筑在推动"生态乡村"和"乡村振兴"等理念的实践过程中发挥着举足轻重的作用。因此，我们不仅需要深刻理解生态建筑的理念，更要广泛开展生态建筑的实践探索。随着"绿色革命"的深入推进以及经济、产业和技术的持续转型升级，我们有充分的理由相信：未来的乡村将是充满生态建筑之美的乡村。

第四节　直播电商助力乡村可持续发展

当下，直播电商模式在农村地区如雨后春笋般蓬勃发展，其在推动农产品流通、保障抗疫物资供应以及提升农民收入等方面展现了显著效能，已然成为脱贫攻坚和乡村振兴的有力推手。在此背景下，如何以理性视角审视直播助农现象，并引导其在乡村振兴中最大化地发挥作用，显得尤为关键。

一、直播电商在推动乡村进步方面的积极作用

（一）直播电商开辟农民增收新渠道

近年来，以直播电商为代表的电子商务新业态蓬勃发展，为农户提供了一种全新的增收方式。众多农户开始积极利用自媒体和电商平台，通过网络直播的方式销售农产品。这种方式不仅有效地缓解了农产品销售难的问题，更成了农户展示家乡风貌、推广地方特产和传播文化的重要窗口。通过网络直播，农户能够向全国观众介绍自己家乡的独特产品和乡土文化，从而改变了公众对农村落后、贫困的刻板印象，引发了人们对田园生活的向往。在直播过程中，农户详细展示农产品的种植、采摘、加工等全过程，增强了消费者的参与感和信任度，有效促进了农产品的销售，进而提高了农户的经济收入。

（二）直播电商促进人才回流农村

随着人口老龄化的加剧，农村青年人才向城市流动的趋势愈发明显，导致农村人才匮乏。为了实现乡村振兴战略，必须强化农村的人才基础，吸引更多年轻人回到农村，为农村发展注入新鲜血液。直播电商的兴起为农产品销售开辟了新的途径，也为乡村振兴带来了新的动力。这一新兴行业的蓬勃发展，吸引了大量有志于从事电商行业的年轻人回到农村，他们不仅带来了新的知识和技能，还为农村创造了更多的就业机会，有力地推动了乡村振兴的进程。这些年轻人的加入，不仅为农村带来了新的发展思路，也通过他们的创新和努力，为农村电商的持续发展提供了有力支持。

二、直播电商助农可持续发展的有效对策

在推动直播电商助农的可持续发展过程中，我们需要采取一系列全面而细致的策略。这些策略旨在动员社会各方整合资源，培育乡村品牌，以及落实平台责任，从而确保直播电商能够在农村地区发挥最大的效用。

首先，应该广泛动员社会各界参与直播活动，实施"一村一品"的战略。通过直播平台这一强大的资源连接器，我们可以吸引更多的企业和个人深入乡村市场，从而扩大直播电商的覆盖面和提高影响力。在每个村庄，可以精心挑选一种具有特色的农产品，进行深度的开发和培育。同时，建立专门的产品孵化服务点，完善相关配套设施，并加大对农民的专业培训力度。在此过程中，可以结合现场实践、专家指导、农业展览以及乡村旅游等活动，利用短视频、直播电

商和社交媒体等平台，实现多元化的跨界融合。这种融合不仅可以丰富直播内容，还可以提升农产品的品牌影响力和市场竞争力。

其次，品牌培育是推动直播电商助农可持续发展的关键一环。我们应该在保持产品品质稳定的基础上，不断升级培育品种，塑造良好的口碑和品牌形象。通过强化品牌的存在感和深化消费者的认同感，我们可以进一步提升农产品的市场占有率和增加销售额。同时，还需要借助互联网和高效物流的强大组合，推动寄递物流体系在农村地区的全面落地。通过拓展县乡村三级物流共同配送体系，可以打造农村电商快递协同发展的示范区，从而为农产品的流通和销售提供更加便捷和高效的渠道。

最后，落实平台主体责任是确保直播电商行业健康有序发展的重要保障。为了增强行业的规范性和自律性，我们需要涉足该行业的各个平台和各方共同参与制定自律公约和奖惩制度。通过这种方式，可以将各方的权力关进一个"制度笼子"，确保其遵守行业规则和道德规范。每年公布实行情况，不仅可以对违规行为进行惩戒，还可以表彰先进典型，从而营造积极向上的行业氛围。此外，平台方还需要积极作为，从产品品质、产地和特性等多个角度进行综合分析，优化直播规则。特别是要消除现有产品规则中的竞价排名因素，以降低供求双方对销量的过度追求而忽视产品质量的浮躁心态。我们应该引导经营者更加关注产品质量和消费者需求，从而实现长远利益的最大化。

参考文献

[1] 蔡文成.基层党组织与乡村治理现代化：基于乡村振兴战略的分析[J].理论与改革，2018（3）：62-71.

[2] 曹龙凤.新时期乡村治理现代化的困境及路径研究[J].山西农经，2021（20）：30-32.

[3] 陈安慧.我国乡村旅游高质量可持续发展面临的问题及解决路径[J].武汉交通职业学院学报，2022（4）：68-74.

[4] 陈国进.宅基地使用权制度：现状、缺陷与改革[J].人民司法，2013（19）：75-80.

[5] 陈明.城乡一体化驱动乡村现代化[J].小康，2020（18）：62-63.

[6] 陈秋强.乡贤：乡村治理现代化的重要力量[J].社会治理，2016（2）：115-119.

[7] 陈正.新乡贤助推乡村治理现代化：基于返乡创业精英的视角[J].河北农业，2022（12）：61-62.

[8] 崔美杰，崔平萍，张庆伟.新时代乡村治理现代化的实践路径探析[J].智慧农业导刊，2022（23）：128-131，134.

[9] 崔晓彤，赵冲.乡村振兴视阈下优化乡村治理路径研究[J].农业经济，2019（8）：30-31.

[10] 韩鹏云.乡村治理现代化的实践检视与理论反思[J].西北农林科技大学学报（社会科学版），2020（1）：102-110.

[11]郭忠华,刘训练.公民身份与社会阶级[M].南京:江苏人民出版社,2007.

[12]贺雪峰.治村[M].北京:北京大学出版社,2017:155.

[13]胡冰川.乡村特色产业如何实现可持续发展[J].小康,2022（6）:34-35.

[14]胡守庚,吴思,刘彦随.乡村振兴规划体系与关键技术初探[J].地理研究,2019（3）:550-562.

[15]胡振,赵子龙.乡村治理现代化的法治困境与进路[J].福州党校学报,2022（6）:35-39.

[16]蒋靖,杨晋,陈媛媛.直播电商助力乡村振兴可持续发展策略研究[J].南方农机,2022（10）:101-103,134.

[17]李政为,吴杰.我国农村信用体系建设的基本模式及政策建议[J].征信,2020（9）:55-58.

[18]刘刚.乡村治理现代化:理论与实践[M].北京:经济管理出版社,2020.

[19]刘念.乡村治理现代化背景下农村信用体系建设:价值意蕴、现实困境和优化向度[J].中共南宁市委党校学报,2020,22（6）:36-41.

[20]刘鑫淼.公共精神:现代公民的核心品质[J].经济与社会发展,2007（6）:36-40.

[21]吕德文.乡村治理70年:国家治理现代化的视角[J].南京农业大学学报（社会科学版）,2019,19（4）:11-19,156.

[22]马志翔.提升乡村治理能力现代化的路径研究[J].云南社会科学,2020（3）:116-121.

[23]潘维.当前"国家治理"的核心任务[J].人民论坛,2014（13）:

44-48.

[24]邱春林.中国乡村治理现代化的基本历程与经验[J].黑龙江社会科学,2020（2）:1-7.

[25]邱峙澄.空间正义:新型城镇化发展中的城乡融合治理[J].齐齐哈尔大学学报（哲学社会科学版）,2020（7）:59-62.

[26]饶静.农村组织和乡村治理现代化[M].北京:中国农业大学出版社,2019.

[27]滕尚杰,邓云叶.新时代下生态建筑及生态乡村构建的探讨[J].住宅产业,2022（2）:130-133.

[28]王浦劬.新时代乡村治理现代化的根本取向、核心议题和基本路径[J].华中师范大学学报（人文社会科学版）,2022,61（1）:18-24.

[29]王滢涛.中国特色乡村治理体系现代化研究[M].上海:上海社会科学院出版社,2021.

[30]伍春杰,郭学德.乡村治理现代化的现实问题与化解路径[J].领导科学,2019（8）:34-38.

[31]许为民.农村信用体系建设的难点问题及解决路径[J].征信,2015,33（3）:49-52.

[32]殷辂.乡村治理现代化相关理论问题辨析[J].南方农业,2021,15（24）:150-151,154.

[33]喻建英.以有效治理推动乡村现代化建设[J].科普田园,2022（23）:4-6.

[34]张鸿,王思琦,张媛.数字乡村治理多主体冲突问题研究[J].西北农林科技大学学报（社会科学版）,2023,23（1）:1-11.

[35]张侃.城乡一体化进程中的乡村治理现代化路径研究[J].农村

经济与科技，2022，33（15）：1-3，11.

    [36]赵树凯.乡镇治理与政府制度化[M].北京：商务印书馆，2010.

    [37]赵先超，周跃云.乡村治理与乡村建设[M].北京：中国建材工业出版社，2020.